EASTERN EUROPEAN POETS SERIES #37

Hit Parade: The Orbita Group
© Kevin M. F. Platt (editor), Sergej Timofejev, Artur Punte, Semyon Khanin, Vladimir Svetlov, 2015

Eastern European Poets Series #37
Series Editors: Matvei Yankelevich & Rebekah Smith
Guest Translations Editor: Bela Shayevich

ISBN 978-1-937027-56-8
First Edition, First Printing, 2015

Ugly Duckling Presse
232 Third Street #E303
Brooklyn, NY 11215
www.uglyducklingpresse.org

Distributed in the USA by SPD/Small Press Distribution
Distributed in the UK by Inpress Books

Cover design and typesetting by
Don't Look Now! and Rebekah Smith
with assistance from Emma Wipperman
The type is Minion and Univers

Printed in the USA by McNaughton & Gunn
Covers printed at Prestige Printing and Ugly Duckling Presse

The publisher would like to acknowledge the support of the National Endowment for the Arts, the New York State Council on the Arts, the Latvian Literature Center, and the Latvian State Culture Capital Foundation.

HIT PARADE

THE ORBITA GROUP

SERGEJ TIMOFEJEV
ARTUR PUNTE
SEMYON KHANIN
VLADIMIR SVETLOV

EDITED BY KEVIN M. F. PLATT

EASTERN EUROPEAN POETS SERIES
UGLY DUCKLING PRESSE, 2015

TABLE OF CONTENTS

Introduction:
Russian Poetry in Latvia / Latvian Poetry in Russian   ix
by Kevin M. F. Platt

SERGEJ TIMOFEJEV

"Приходит человек…"	"There's a man arriving…" 5
Планета No Money	Planet No Money 7
Житель центра	City Center Resident 11
Открытка с юга	Postcard from the South 15
Амату 6	6 Amatu St. 17
Сильное чувство	Strong Feeling 19
Писатели	Writers 21
Желание	Desire 23
Берлин 1927	Berlin 1927 27
Здесь начинается лес	The Forest Starts Here 29
Север	The North 31
Радио-дрейф	Radio-Drift 33
Летопись	Chronicle 35
"Искусство французского кино…"	"The art of French cinema…" 39
Мир, как я его знаю	The World as I Know It 41
Дни ангелов	Days of Angels 43
Сентябрь	September 45
Истины	Truths 47
Воры	Thieves 49
Случай с куклами	The Doll Incident 53
Мужчина с женщиной	Man and Woman 59
К исполнению	To Be Implemented 61
Схема Б	Plan B 63
Человек с кубиком	Man With Cube 67
Старый мир 70	Old World 71
"Отъединился шнур…" 72	"Cord came unplugged…" 73

ARTUR PUNTE

"Предплюсна, плюсна, фаланги…"
Дедушка
год времени
"Всё пешком…"
"Я знаю — шпану…"
Голландия или Раскачиваться в троллейбусах, как в книжках моряки
Напоследок: несколько причин, по которым я потерял слух
Из цикла "Коллеги"
   Copywriter
   "Куда завел…"
   "Вроде все правильно делал…"
   "Странные вещи…"
"Когда ветер всю ночь…"
Гастарбайтеры
"Как-то полюбила меня девушка…"
"Она хорошо подготовилась:…"
"Ты мне такой записала диск…"
"Поезд растягивается вдоль…"

"Metatarsal, tarsal, phalanges…" 77
Grandfather 79
a year's time 83
"Always on foot…" 85
"I know—the only thing…" 89
Holland, or Swaying in Trolley Buses, Like Sailors in Books 93
Final Remarks: Several Reasons For My Loss of Hearing 97
from the cycle "Colleagues"
   Copywriter 101
   "Where were you led…" 105
   "Seems like I did…" 107
   "Peculiar things…" 111
"When all night the wind…" 113
Gastarbeiters 115
"It happened that a girl…" 119
"She prepared well:…" 121
"That was quite a CD…" 123
"The train extends across…" 127

SEMYON KHANIN

"пальме памятник…"
"еще какие-то поползут…"
"клей неудачный…"
"кому сдать квартиру…"
"выписали мне капли…"
"как ты мне это передала…"

"monument to a palm tree…" 131
"there they go crawling…" 135
"glue's not quite right" 137
"who can you rent out…" 139
"they prescribed me drops…" 141
"somehow you transferred it…" 143

"прожигатели жизни едят…"	"those high rollers eat pastries…" 145
"она загадала слово…"	"she thought of…" 147
"ну не скажи…"	"you can say what you want…" 149
"Здесь кто-то меня укусил…"	"This is where I got bit…" 151
"Я девять лет уже не умножал…"	"I haven't multiplied…" 153
"в какой бы роли…"	"in whatever role…" 155
"сидя на груди…"	"sitting on an overstuffed…" 157
"зачем я так кричал…"	"why did I keep yelling…" 159
"поговори со мной…"	"talk Spanish to me…" 161
"не будет праздников…"	"there will be no days off…" 163
"когда уже миновал…"	"when you've passed…" 165
"знаешь как ведет…"	"you know how a bullet…" 167
"когда в скафандре…"	"when in a spacesuit…" 169
"Всю ночь меня искали…"	"They looked for me all night…" 171
"спекулировать любовью…"	"speculating in love…" 173
"нащупывая губами…"	"lips groping for…" 175
"со дна приходящий…"	"spam arriving unilaterally…" 179
"какие-то девы…"	"Some virgins concealing" 181
"непроверенные данные…"	"unchecked data, obtained…" 183
"не подумай, что…"	"do not think he is homeless" 185
"говорю вам…"	"I tell you…" 187
"он не раскаялся…"	"he has no remorse…" 189
"не мог ее узнать…"	"I couldn't recognize her" 191
"тени…"	"shadows…" 193
"это было в это или…"	"it was either this Sunday…" 197

VLADIMIR SVETLOV

"на aveņu авеню…"	"on aveņu avenue…" 201

"от этой нашей нежности…"	"from this our tenderness…" 203
что ты скажешь	what'll you say? 205
наличие этой тайны	the presence of this secret 207
"давай уйдем туда…"	"let's depart for where…" 209
красивое	the beautiful 211
новый год	new year 213
конфиденциальный разговор	confidential conversation 215
"хрупкие как елочные…"	"fragile as christmas…" 217
"пустой аэропорт…"	"empty airport…" 219
хит-парад	hit parade 223
"цветов магнолии…"	"magnolia blossoms…" 225
деньги	money 227
"скажи "изюм" детка…"	"say 'raisin,' baby…" 229

RUSSIAN POETRY IN LATVIA / LATVIAN POETRY IN RUSSIAN

This book presents English translations of poems by Sergej Timofejev, Artur Punte, Semyon Khanin, and Vladimir Svetlov—four members of the creative collective known as Orbita ("Orbit" in both Russian and Latvian), based in Riga, Latvia.

These poems were written in Russian, yet they are not simply Russian poems. For one thing, they are written in free verse, and Russians are a bit particular about rhyme and meter. More on that below. For another thing, the primary context in which this poetry should be seen is that of Latvia. The poets of Orbita participate actively in a bilingual cultural scene drawing from the multiple literary traditions of an intimately multinational society. Which is to say, these poems constitute a part of Latvian literature.

Which is not to say that this is not Russian literature, too. Orbita has made a name for itself in Russia over the past decade or so with its *sui generis* texts that, produced in a European capital that seems farther and farther away from Moscow, push the boundaries of "mainland" Russian poetic traditions and expectations, charting out new possibilities for Russian literature in the context of twenty-first-century "transnational Russian Culture." This is Russian poetry out of bounds.

Or perhaps it is Russian poetry within quite specific limits—the city limits of Riga. Space and time feel different in Riga than they do a night-train away in St. Petersburg, or a short flight away in Berlin. For centuries, Russian writers have had an on-again-off-again love affair with Europe. In Riga, they are, quite simply, Europeans. This is a city where languages and cultures have met and traded secrets: Latvian and Russian, to be sure, but also German and Yiddish, Lithuanian and Estonian, Swedish long ago, and lately more and more English. With their swing, their lightness, and their recognizable settings, these poems capture the atmosphere and northern light of a city with a compact medieval old town, a nineteenth-century center, and an extended suburban seashore of forest paths, wooden houses, and white sand beaches.

Riga is a city where a "City Center Resident" can well spend days in "strolls between nine streets / and seven cafes" (p. 11) where elegantly dressed old ladies sit with elegantly formed little pastries, passing from one side of the city center to the next via a chain of carefully maintained parks filled with flower stands. Or he might walk out to pause on the Stone Bridge in order to listen to the hum of the Cable Bridge (p. 107). On a bright, late summer night one intense conversation might take place "at the number ten trolley stop / by the wall of the botanical gardens" (p. 197), while others wander "through nighttime jūrmala / in hopes that in at least one café / the bartender is awake / but in vain" (p. 219). The sensibility of these poems has been shaped by the lived experience of spaces in Riga, from Amatu St. (p. 17) to Tallinas St. (p. 89).

But this precisely defined location provides access to a range of other histories and geographies. For better or worse, Riga's cultural and physical environment, its very people, bears the traces of the many empires, most recently the Soviet and European Unions, that have passed over and through the civilizational intertidal zone of the Baltic region. Riga has time and again produced cultural figures who speak across these geographies—from Isaiah Berlin to Mikhail Baryshnikov, and from Gustav Klucis to Sergei Eisenstein.

The Orbita poets, like their predecessors, draw on a cosmopolitan catalogue of sources and traditions. Russian poetry is frequently fixated on the canon of past Russian writing. There is some of this going on here—for instance, on the level of intertextual particularity, Khanin's poem about a passport (p. 137) harks back to Mayakovsky's "Poem about the Soviet Passport," while on the more general level of stylistic inheritances, the formal and conceptual élan of these poems resonates with the experimental and unofficial poetry of the last decade of the Soviet

Union (much of which was published in the uncommonly freewheeling literary journals of late Soviet Riga).

Yet beyond these characteristic Russian legacies, and perhaps more centrally, these poems enter into dialogues with Latvian poetic greats such as Aleksandrs Čaks, contemporary Latvian poets and artists, Swedish jazz, French film, contemporary vampire novels and cartoon-network fantasies, or the work culture of copywriters and fashion photographers. In short, the geographical and historical atmosphere of these poems—the atmosphere of Riga—is at once intimate and startlingly intrepid. This poetry is Russian, Latvian, European, and much else besides.

Orbita is a loosely bounded organization. Founded in 1999, it includes not only the four ringleaders who are published here, but also a large number of affiliates active in literature, visual art, music, and so forth. The group is prolifically active: a web portal, exhibitions, happenings, group appearances at festivals across Europe and Russia, and publications poetic, artistic, and critical.

The creative biographies of its members are stories of multiple border-crossings: born in the Soviet Union, the poets presented here now dwell in a European Union member state. Writing primarily in Russian, they are all fluent speakers of Latvian and engaged members of Latvian society. These poets work across the borders of distinct media, often presenting their writing as video-poetry, multi-media museum installations, or collaborative performances involving music and projected video art with subtitles in Latvian and at times in English. Many of their collaborators are Latvian-speaking artists, musicians or poets, and the collective has pursued various projects to translate Latvian poets into Russian. The group's publications—including the poetic almanac, *Orbita*, multimedia DVDs, and a variety of other projects—are bilingual Russian–Latvian editions, produced in exquisitely designed and inventively laid-out books. Bilingualism is a distinctive feature of Orbita, and it reflects the group's highly self-conscious location on the border between Russia and Latvia, between Eurasia and Europe.

It also must be said that Orbita counters the general trend for cultural life among Russians in Latvia. I will refrain entirely from entering into the details here of what "Russian" means in this context, given the notorious complexity of Russian ethnicity. For our purposes, anyone in Latvia who speaks Russian with no foreign accent can be considered Russian. If you ask a Russian-speaking resident of Riga what distinguishes Baltic Russians from "mainland" Russians (as I have done many times), he or she will likely tell you that the former are "more cultured" than the latter. This, it seems, is a distant historical echo of the Russian association of high culture with Europe—palpably inscribed into geography in Peter the Great's western and high-cultural capital, St. Petersburg. With St. Petersburg, Russians entered into European culture. In Riga, Russians are in Europe itself. The idea of Baltic Russians as marked by culture is not a new one. In the late Soviet era, this conception of culture's location in the landscape helped to make the Baltic more generally a space of progressive experimentation in literature, the arts, music and political life among all of the ethnic groups and languages of the region.

Yet that was more than two decades ago. Since the collapse of the USSR, Russian cultural life in the Baltic has, on the whole, become somewhat attenuated and rather conservative—if not provincial. Being in Europe, as it turns out, is sometimes rather challenging for Latvia's sizable Russian-speaking minority in the twenty-first century. On the whole, the majority of Russians in Latvia feel cut off from the cultural homeland of the Russian Federation (although they consume a fair amount of its television and press) and marginalized in Latvia. This situation, along with the "nationalization" of cultural life wrought by the end of the Soviet internationalist era, has contributed to make mainstream Russian cultural life in Latvia a matter of nostalgic gestures to historical roots, religious holidays, ethnic foods, and dances. In this light, the oft-repeated conception of the especially "cultured" status of Latvian Russians seems to be an anxious mantra, evocative of times past rather than reflective of the present.

Against this backdrop, Orbita stands out in sharp relief. Paradoxically, while they eschew nostalgia for the Soviet past, the poets of Orbita are the actual heirs to the legacy of cutting edge and experimental culture characteristic of Latvia in the last Soviet decades. Orbita is an intentionally trans-ethnic and trans-linguistic phenomenon. And this is one of the keys to its success: theirs is an avant-garde of cosmopolitan hybridity. In distinction from the majority of Russian cultural production of the Baltic region, these poets transcend marginality and provincialism by forming a literary bridge between ethnic enclaves, languages, and cultures.

Their poetic work, as in Punte's "Gastarbeiters" (p. 115) or Khanin's "glue's not quite right…" (p. 137), often presents subtle meditations on this border position and on the complexities of contemporary identities articulated in the interstices between distinct geographies. In the poems just mentioned, Khanin and Punte are concerned with identities and documents forged (in Khanin's case: literally) at the level of individuals in motion across multiple borders. Timofejev presents a parallel sequence of "Truths" (p. 47), concerning the durability of extraordinarily simple human truths despite the fragility of seemingly monumental political and historical realities.

In terms of language itself, the fundamental idiom of the Orbita poets is the standard literary Russian of all those who came of age and were educated in the Soviet era in Riga. Yet their work also reflects the separate development Russian has undergone in post-Soviet Latvia in terms of slang and professional lexicon—as is evident, for instance, in Punte's "Copywriter" (p. 101). Additionally, these poems frequently play with local toponyms and at times involve nearly untranslatable multilingual puns. Consider, for example, Timofejev's line "The world as I know it begins on Miera Street" (p. 41), which puns on the Latvian world "miers" (here in an inflected form) and the Russian word "мир" (world). The two words, which share an ancient Balto-Slavic root, are near homonyms and have similar, but not identical meanings: the Russian word can mean either "world" or "peace," while the Latvian word means simply "peace." Through this pun, Timofejev is musing on the particularity of his "world" which is located between these related, but quite dissimilar languages.

Each of the Orbita poets is possessed of an individual and irreducible poetic voice. Yet we may make certain general observations about their work, illustrating its distinctive features—and the features that distinguish it in contemporary poetry written in Russian as a whole. As noted above, these poets write primarily in free verse—although it should also be said that the rhythmic qualities of some of these poems approach something like metrical regularity. Timofejev and Khanin, in particular, often produce highly regular lines of three or four strong stresses. Yet the structure of these metrical patterns is loose and none of these poets use much end-rhyme.

Free verse has for long been a marginal and contentious form in Russian poetic production, which in distinction from most European traditions retained a remarkable devotion to strict poetic forms up until the late twentieth century. This is not to say that there is no free verse in Russia, but simply that it is to this day far from dominant—while one is always somewhat surprised to hear an Anglophone poet reciting rhymed couplets, it's just the reverse in Russia, where despite more and more frequent formal experiments among younger generations of poets, free verse is still an unexpected twist for mainstream audiences. In this feature of the poetry of Orbita we encounter a more profound reflection of the Latvian cultural heritage. Latvian poetry, since the early twentieth century, has been far more given to open forms and free verse—we might mention once again in this regard Aleksandrs Čaks' formally innovative poetry of the 1920s and 1930s, or any number of later Latvian examples.

Punte recounts how, as a graduate student at the prestigious Gorky Institute in Moscow, he wound up in a course titled "Is poetry *poetry* without rhyme and meter?" Timofejev once told me about a experience he had at a festival in Kiev, where a local poet characterized free verse as a sort of "formal betrayal" of Russian poetry—a formal choice motivated by a desire to produce easily translatable texts. Free verse is one of the features that mark the Orbita poets as both experimental and as "extraterritorial"—as part of a progressive and avant-garde poetic camp in Russian literary circles. But snarky poets aside, this is one of the keys to Orbita's success in Russia, where they are published by the most cutting-edge journals and publishing houses. For these poets, pushing the formal boundaries is part of an overall practice of creative challenge to the geographic and temporal bounds of tradition.

There is more to Orbita poetry than free verse, of course. This is verse so free that at times it turns into other media. Orbita has been a pioneer of video poetry and poetry performed and recorded with musical accompaniment and ambient noise. Group appearances are often happenings or performances, rather than recitals—as in the "Slow Show" that was presented a number of times in 2013 and 2014, involving readings over ambient noise produced with "vintage" transistor radios. The members of Orbita have authored dozens of interactive art installations involving, for instance, bicycle-powered projection of poetry, hundreds of wall-mounted (again) transistor radios broadcasting multilingual poetry readings, etc. In rising above landscape, above poetic tradition, above distinct and fixed media, and at times above the fixity of national languages, Orbita achieves a lightness and inventiveness, coupled with intensity and introspection, that can only be compared with free jazz.

The poems of the Orbita poets range across a variety of modes. Each at times dwells on everyday, urban or interpersonal scenes in poems of maximal conceptual and figural simplicity—in, for example, Khanin's "who can you rent out…" (p. 139), Punte's "She prepared well:…" (p. 121), Timofejev's "Chronicle" (p. 35), and Svetlov's "empty airport…" (p. 219). Khanin once explained to me that his own writing is an attempt to produce a poetic language identical with everyday language, which nevertheless remains "poetic." Yet they also offer various forms of conceptual poetry. On one hand, there is Khanin's and Svetlov's laconic play with signifying scenes—a bar dredged up from the ocean depths by archeologists in the former's "monument to a palm tree…" (p. 131), or a seduction scene run backwards in the latter's "lets depart for where they caught us…" (p. 209). The other two poets often take their conceptual play to greater narrative lengths—as in Punte's "Final Remarks: Several Reasons For My Loss of Hearing" (p. 97) or, at the extreme, in Timofejev's epic, fantastical poems, such as "The Doll Incident" (p. 53).

Starting with the name Orbita—an image of motion around a distant center—a focus on motion, thresholds, and geography emerges as a master trope for this poetry. Khanin's poem about the forged passport is a case in point, as are his many other poems devoted to trips to determined and undetermined locations; Timofejev's poetry offers the story of provincial "Thieves" (p. 49) who aspire to move to the "capital" and the fairy-tale story of the romance of "Man with woman, Riga boy and Moscow girl." We may mention once again in this regard Punte's "Gastarbeiters," as well as the large-scale project "A Poetic Map of Riga" during 2014 that involved a series of exhibitions and events dedicated to the artistic and poetic research of urban space and experience. All of which takes us back to the initial gesture of this essay, to note once again that Orbita constitutes a form of Russian poetry that is perpetually on the move across borders, across international lines of demarcation, among languages, and in and through media. It is thoroughly Latvian—but this is Latvian cosmopolitanism that is at home in the world.

In the book you are holding, the poetry of Orbita has crossed yet another border—into English. Publication of this work in a bilingual edition is just right, given that this is generally the way this poetry has been presented. It is also justified by the difficulty of access to the original editions of this work in the US. The translations included in this volume represent the work of many hands. Each poem is followed by the initials of the translator(s)—a list of their names and brief biographies is located at the end of the book. Primarily, the translators have sought to render the Russian poems in English with as much fidelity to the lexicon and formal choices of the originals as possible. A few translations, however, slightly depart from this practice—those of Khanin's "some virgins concealing…" (p. 181), for instance, or his "there they go crawling over goosebumps…" (p. 135). These take moderate liberties with the original texts. They were the result of conversations between Khanin and his American poet-translators at the symposium "Your Language—My Ear," held at the University of Pennsylvania in 2011. I have chosen to include them here without editing them into conformity with the book's overall approach. Some of these translations have previously appeared in a number of print and web journals, including *World Literature Today, Loaded Bicycle, Common Knowledge, 1913: A Journal of Form*, and *Fence*. Thanks go to the University of Pennsylvania and to these publications for their support. Gratitude is also due to the Latvian State Culture Capital Foundation, which supported work on translations, as well as to the Latvian Literature Center, which provided financial support for publication. Thanks as well to Matvei Yankelevich, Bela Shayevich, Rebekah Smith, and the rest of the staff of Ugly Duckling Presse for their support of this project. Finally and most importantly, thanks go to the many translators for their work.

Kevin M. F. Platt
Philadelphia, 2015

HIT PARADE

THE ORBITA GROUP

СЕРГЕЙ ТИМОФЕЕВ

SERGEJ TIMOFEJEV

* * *

Приходит человек, его костюм измят.
В его лице очки на тонких дужках.
Он спорит с пустотой, он сумасшедший, ветер.
Дрожат очки на тонких дужках.
Его костюм измят, он быстро спорит.
Приходит человек и заполняет комнату.
Приходит человек, он долго шел сюда.
Его костюм измят, он спорит слишком быстро.
Дрожат его очки, он идиот, он спорит.
Он ветер, сумасшедший, он пришел.

* * *

A man's arriving; his suit is wrinkled.
Glasses with thin arms in his face.
He argues with emptiness; he's crazy; he's wind.
The glasses tremble on thin arms.
His suit is wrinkled, he argues fast.
The man arrives and fills the room.
The man arrives; it took him a long time to get here.
His suit is wrinkled; he argues too fast.
His glasses tremble, he's an idiot, he's arguing.
He's wind, crazy; he's arrived.

[KP]

ПЛАНЕТА NO MONEY

Когда в доме кончается еда,
я спускаюсь вниз по длинной
стремительной лестнице. Я
захожу в магазин и покупаю хлеб
и сыр. Деньги перестали бывать здесь,
их маршрут изменился. Их новые друзья
блистательны и непоседливы. Они
листают журналы и купаются в теплом
море. Я обитаю в синем спортивном
костюме (куртка — с капюшоном) и
изредка получаю телефонные звонки.
За телефон я успел заплатить, теперь
я и мой приятель — чемпионы по
приготовлению макарон. Иногда мы
готовим их с чесноком, поддерживая себя
в здоровой спартанской форме (в городе –
эпидемия гриппа). Книги стали читаться
медленнее, музыка звучит не всегда. Похоже
на полет в космос без какой-то научной цели.
Нельзя сказать, что мы не пытаемся заработать.
Я хожу в рекламные агентства и пью чай
с менеджерами, мой приятель изучает программы
по компьютерному макетированию. Его девушка
уехала в Мексику штурмовать пирамиды, прихватив
еще двух подруг. Они шлют письма, написанные от
руки, о том, что купили джип и индейские одеяла.
Они уехали накануне кризиса, мы думали к ним
присоединиться через месяц. Но наш банк лопнул,
и хороший знакомый из его пресс-службы не
предупредил нас об этом. Он был больше верен банку,
чем нам. Этого финансового учреждения больше нет,

PLANET NO MONEY

When there's no more food in the house
I run down the long,
steep stairway. I
go into the store and buy bread
and cheese. Money no longer comes this way,
its route has changed. Its new friends
are glittering and restless. They
page through magazines and swim in the warm
sea. I inhabit a blue track
suit (with a hood) and
occasionally receive phone calls.
I managed to pay for the phone; now
my friend and I are champion
spaghetti chefs. At times we
make it with garlic, maintaining our
healthy, Spartan conditioning (a flu epidemic
is loose in the city). Books are read
more slowly now; the music doesn't play all the time. Like
a flight into outer space with no scientific purpose whatsoever.
You can't say we aren't trying to make some money.
I go in to ad agencies and drink tea
with managers, and my friend is studying programs
for computer marketing. His girlfriend
flew off to Mexico to storm the pyramids, two
friends in tow. They send letters, written by
hand, about the jeep and Indian blankets they bought.
They left just before the crisis hit—we thought we'd
join them in a month. But our bank crashed,
and a close acquaintance in its public relations office
failed to warn us. His loyalty was to the bank,
not to us. So that financial instititution no longer exists,

а мы едим макароны с чесноком и смотрим телевизор,
на котором уже не найти Евроспорта, Эм-Си-Эм, Cartoon
Network, зато есть сериалы и дикторы новостей,
корректные, как технические словари. Это планета
No Money. И мы — ее обитатели в синих спортивных
костюмах с тарелками макарон в руках. Мы посыпаем
их базиликом, наши дела не так плохи. Завтра день
Святого Валентина и, может быть, раздастся
несколько телефонных звонков. Хорошо бы — из Мексики,
из города, где живут двадцать пять миллионов, а сам Мехико
находится в чаше пересохшего озера. "Дружище,
как у нас с чаем?" "Допиваем подарочный набор!" –
отвечает он из кухни, где радио передает старый хит
"Есть ли жизнь после любви?" Размышляем на такие
темы мы редко, но вот кто-то звонит — может, пригласят
на обед? Реальность распалась на много маленьких
макарон, и мы накручиваем их на вилку, мирные
и задумчивые, как монахи. А вчера мы видели
мужчину с длинной окладистой бородой.

but we're left eating spaghetti with garlic and watching the TV,
on which there's no more Eurosport, MCM, or Cartoon
Network, although there are soaps and news announcers,
proper as technical dictionaries. This is planet
No Money. And we are its inhabitants in blue track
suits with plates of sphaghetti in our hands. We sprinkle
basil on it—things aren't that bad. Tomorrow is
Valentine's day so maybe the phone
will ring a few times. It would be nice to hear from Mexico,
from a city where twenty-five million people live. Mexico City
is located in the basin of a vanished lake. "Hey buddy,
how's the tea situation?" "We're finishing off the gift set!"
he answers from the kitchen, where the radio is playing the oldie
"Is There Life After Love?" We ponder such
topics rarely, but there's the phone ringing—maybe an invitation
to lunch? Reality has fallen apart into a multitude of little
noodles, which we wind on the fork, peaceful
and thoughtful like monks. And just yesterday we saw
a man with a long, thick beard.

[KP]

ЖИТЕЛЬ ЦЕНТРА

Я люблю твое времяпровождение,
твою ходьбу по девяти улицам
и семи кафе,
житель центра.
Ты замечаешь
одинокую девушку
в припаркованной машине,
ждущую чего-то с таким ждущим
выражением на таком ждущем лице.
Ты видишь клерка в плаще,
поднимающего к глазам
руку с часами так медленно
как будто это портовый кран,
влекущий к небу
турецкий автобус.
Ты видишь продавщицу
в магазине спортивных товаров,
когда он уже закрыт,
но свет еще сияет,
улегшуюся, заснувшую
среди лыж и манекенов
в спортивных костюмах.
Она вдруг чуть поворачивает
руку во сне и отпускает ладонь,
и та раскрывается,
как обещание никогда-никогда
ничему не верить.
Ты скользишь всюду,
ты ловишь себя во всплесках витрин,
ты умеешь читать о погоде
на последних страницах газет.

CITY CENTER RESIDENT

I love the way you spend time,
your strolls between nine streets
and seven cafes:
city center resident.
You notice
a young woman alone
in a parked car
waiting for something with a waiting
expression on such a waiting face.
You see the clerk in his raincoat,
raising his wristwatch
to his eyes as slowly
as a crane in the port
lifting a Turkish bus
to the heavens.
You see the saleswoman
in the sports equipment store,
after it's already closed,
but the lights are still on,
who's lain down and dozed off
among the skis and mannequins
in track suits.
Suddenly she slightly turns
her hand in sleep and relaxes her palm
and it opens
like a promise never-never
to believe anything.
You glide along everywhere
catching yourself in the splash of storefronts
you know how to read about the weather
on the newspaper's last pages.

Будущее — это ветер,
но когда кто-то закрывает глаза,
это происходит в реальности быстро,
в памяти — медленно.
Житель центра,
еще ты умеешь читать по губам
девушек на плакатах,
рекламирующих косметику.
Они говорят: "Мне 18 лет.
Свободна плавать, свободна иметь".
Или: "Я стараюсь, потому что
я умею или я умею, потому что
Я стараюсь?" Поиск значений –
как попытка разменять деньги,
но слишком крупные купюры
никому не нужны
сегодня.

The future is wind,
but when someone closes their eyes
it happens fast in reality,
but slowly in memory.
City center resident,
you also know how to read the lips
of girls on billboards
advertising cosmetics.
They say: "I'm eighteen.
Free to swim and free to have."
Or: "I try, because
I can, or I can, because
I try?" The search for meanings
is like the attempt to get some change,
but no one wants
to take large bills
these days.

[KP]

ОТКРЫТКА С ЮГА

Всё это пляж, и я на нем лежу.
В зеленых плавках, и очки на переносице.
Ничей товарищ, павший в полотенца.
Приехал, вышел, грохнулся, до встречи,
пишите письма и на рельсы сыпьте
глухой и голубиный оловянный порох.
Жестокий и прямой, лежу на пляже,
как палка смуглый, кожу жгу тягуче,
потом иду купаться и в воде, под ней,
плыву и слышу — кровь стучит, гоняя
кислород и минералы в теле сжатом.
Я не играю в пляжный волейбол. Зачем
вставать, и хлопать по мячу, и мельтешить.
Имею право тут, среди других остаться.
Распластан на песке с утра и до заката.
Вы можете меня найти, девятый сектор,
восточный пляж, левее раздевалки.
Но не спешите с этим, подождите,
присядьте рядом, поглядите, вот я.
Смуглее всех, лежу в зеленых плавках.
Ну, ладно… Можно хлопать по плечу.

POSTCARD FROM THE SOUTH

All of this is beach, and I'm lying on it.
In green trunks, glasses on bridge of nose.
Nobody's pal, fallen among towels.
Arrived, stepped out, collapsed, see you later,
write letters and let the rails be scattered
with dove gray mute and pewtery powder.
Severe and unbent, I lie on the beach
like a darkened bough, burning skin tighter,
and then go plunge in water, under it,
swim and listen—blood beating, rushing
oxygen and minerals through clenched body.
I don't play beach volleyball. Why
stand, whack at balls, flit around.
I'm within my rights to remain with the others.
Splayed out on the sand from dawn until dusk.
You can find me here, in sector nine,
the eastern beach, left of the changing booth,
But there's no rush, take your time,
sit down nearby, take a look, here I am.
Darker than the rest, lying in the green trunks.
Oh all right… Go ahead and slap my shoulder.

[KP]

АМАТУ 6

Одинокий, как летчик, пилотирующий сновидение,
в котором одни голые вязы и ты, похожая на
неопределенное чувство перед уходом из дома,
в котором уже нечего объяснять, кроме тоски,

я перехожу дорогу, не останавливаясь перед
машиной, неистово тормозящей, вслепую я испытываю
судьбу, настроение, испытываю тревогу, не понимаю,
как я мог, ведь жизнь дорога, как никотин.

Ты выпрыгиваешь из окна, хватаешь меня за шею, валишь
на землю, притягиваешь к себе, я контролирую
ситуацию неосознанно, просовываю руки под твою
кожаную куртку, под свитер, люблю, когда твердеют соски.

И тут к нам подходит группа молодых, коротко подстриженных
людей, они достают кастеты, один из них проламывает мне
голову, за какую-то старую стычку, молча, безукоризненно
точно, поражая меня в висок, вытирает руки о широкие штанины,

встает. Они уходят, ты все еще целуешь меня, забрызганная
моей кровью. Потом отодвигаешься и смотришь на мое
лицо. У тебя тревожные глаза. Наконец-то ты в меня
влюблена. По-настоящему. Начинается дождь. Мы остаемся одни

на улице. Ты укачиваешь меня, тебе кажется, что ты
укачиваешь меня. Ты спрашиваешь: Сколько тебе лет, а мне
восемнадцать. Ночь, попусту ночь, как всегда. На Амату 6.

6 AMATU ST.

Alone, like a pilot guiding a dream
where there are only naked elms and you, resembling
the indefinite feeling before leaving a house
in which there's nothing left to explain but grief,

I cross the street, not stopping for
A car, braking furiously; I blindly experience
fate and mood; experience anxiety; don't understand
how I could—life is precious, after all, like nicotine.

You jump out a window, grab me by the neck, tumble
to the ground and pull me down with you; I control
the situation intuitively, slide my hands into your
leather jacket, under your sweater; I love when nipples get hard.

Then up comes a pack of crew-cut young
individuals, get out brass knuckles; one cracks my
skull, payback for some old brawl, silently, with impeccable
precision, striking my temple; wipes hands on baggy trousers;

gets up. They leave; you are still kissing me, spattered
with my blood. Then you pull away and look at my
face. You've got anxious eyes. At last you're
in love with me. For real. The rain starts. We remain alone

on the street. You rock me, you think you're
rocking me. You ask: How old are you, I'm
eighteen. Night, pointless night, as always. At 6 Amatu St.

[KP]

СИЛЬНОЕ ЧУВСТВО

Время нас окончательно полюбило.
Положило нам в кости соли, раз-
рисовало лбы вертикально. Подарило
тысячу кассет всяких воспоминаний:
немного эротики, немного сентиментальной
жестокости, немного общих мест.
Мы теперь любимцы у времени,
часто ездим на карусели мира, так что
голова кружится и трудно вспомнить,
где ты живешь. Но в конце концов
всегда приходишь домой, там сидит время,
сложа руки, и тихо гордится, тем, как у тебя
всё получилось. Замечательный старик Время
обладает повадками младенца. Но иногда,
если не в духе, может задушить тебя полотенцем.
Главное, не пытаться найти с ним общий язык,
оно не любит пристальных взглядов и
увеличительного стекла. Игнорируйте время,
танцуйте, сколько хочется, покупайте сласти.
Как сказал мудрец: "Счастье начинается
с точки кипения зубной пасты". И пусть желтые
штуки раз в год падают с неба. Пусть никто
их не хочет, все шевелят ногами, а дворники
жадно заталкивают их в пластиковые мешки.
Быть любимым временем — это сильное чувство.
А кто испытал его, тот обычно молчит.

STRONG FEELING

Time has fallen completely in love with us.
Put salt in our bones and scribbled
vertically all across our foreheads. Given us
a thousand cassettes with all kinds of memories:
a bit of erotica, a bit of sentimental
cruelty, and a few common places.
Now we're time's favorites;
we often ride on the world's carousel, so
your head spins and it's hard to recall
where you live. But ultimately
you always come home, and there sits time,
hands crossed, taking quiet pride at how
it's all worked out for you. Time, a grand old man,
behaves like an infant—but sometimes,
in a bad mood, can smother you with a towel.
Mainly: just don't try to find a common language,
time doesn't like intent gazes or
the magnifying glass. Just ignore time,
dance as much as you want, buy your candy.
As a wise man once said: "Happiness begins
at the boiling point of toothpaste." So what if yellow
objects fall from the sky once a year. So what if no one
wants them, everyone picks up the pace, and street sweepers
greedily shove them into plastic bags.
Being loved by time is a strong feeling.
Those who have felt it usually don't talk at all.

[KP]

ПИСАТЕЛИ

Их книги, как выстрелы из револьвера через подушку в гостиничных номерах или огромных пустых комнатах с торшерами, чьи абажуры пыльны и покорны, как застывшие жирафы из географических журналов. Они любят мертвые сезоны, полный штиль, когда только дождь семенит по тротуарам, чуть вихляя и подрагивая, как пьянчуга, смахивающий рукавами своего пиджака меловые надписи с признаниями в любви, ненависти и печали. Каждую ночь они надевают круглые очки, останавливают часы и выходят из дома. Они стоят на пороге и напряженно и мертво всматриваются в темноту, закрывая глаза от выступающих фонарей, затем слабо взмахивают руками и проваливаются в Преисподнюю. Оттуда они возвращаются ранним утром, еще более бледные, открывают двери и долго и методично отряхивают от серого налета свои плащи, с видимым отвращением вдыхая настоявшийся на пыли и тишине воздух своих квартир, затерянных в тупиках, где помойки соседствуют с выбитыми окнами и чахлыми кустами сирени. Их книги выходят в черных полумягких обложках с золотым или перламутровым тиснением и рисунками в красных или коричневых тонах. Их издатели разоряются, но дело процветает само по себе и все больше полуподвальных складских помещений за мутными стеклами наполняются аккуратными стопками книжек с объемом, не превышающим ста пятидесяти страниц. Их никто не переводит.

WRITERS

Their books are like shots from a revolver through the pillow in hotel rooms or enormous empty halls lit by torchieres with lampshades dusty and submissive, like giraffes frozen in geography magazines. They love the dead season, the doldrums, when only the rain minces along the sidewalks with a slight wobble and tremor, like a drunk wiping away inscriptions in chalk bearing declarations of love, hate, and sadness with the sleeve of his jacket. Every night they put on round glasses, stop the clocks, and step out of their houses. They stand on the threshold and tensely and lifelessly stare into the darkness, closing their eyes at protruding streetlights, then flail their arms weakly and sink into the Netherworld. In early morning they return, even paler than before, open their doors and shake the gray patina from their coats methodically and at length, with visible disgust inhaling the air, stagnant with dust and silence, of their apartments, lost in cul-de-sacs where garbage cans stand beside broken windows and sickly lilac hedges. Their books are issued in black semi-soft bindings with gold or mother-of-pearl lettering and illustrations in red or sepia tones. Their publishers go bankrupt, but business is thriving on its own as more and more half-subterranean storage spaces behind murky windows fill up with neat packages of books no more than a hundred and fifty pages long. They are translated by no one.

[KP]

ЖЕЛАНИЕ

Я хочу видеть женщин,
выросших в прогулках
между одной полутемной комнатой
и другой, в одном и том же особняке
на улице со спокойной зеленью,
где несколько старомодных машин
не двигаются с места по неделям.
Я хочу обсуждать с ними
полуистлевшие журналы,
в которых обворожительные улыбки
сменяются глянцевой рекламой
Стандард-Ойл и швейцарских банков.
Их то подчеркивающие, то скрадывающие
движения платья, в зависимости
от сезона или времени дня — темно-
или светло-зеленые, фиолетовые или
лиловые, их изредка вспыхивающие
на свету драгоценности
радовали бы меня, всегда облаченного
в расшитый золотом китайский халат
или строгий костюм с запонками
в виде головы Медузы.
Случайно проскакивающие
по этой улице мотоциклисты
распугивали бы голубей,
и я смотрел бы на них с балкона
на втором этаже,
глядя, как их кожаные спины
превращаются сначала в черные точки,
а потом — в ничто.
В кармане я бы носил

DESIRE

I want to see women
who grew up strolling
between one half-darkened room
and another, in one and the same residence
on a street with quiet greenery,
where a few old-fashioned cars
remain in the same place for weeks at a time.
I want to discuss with them
half-decayed magazines
full of entrancing smiles
interspersed with glossy ads
for Standard Oil and Swiss banks.
Their dresses, at times exaggerating movement
at times concealing it, depending
on the season or time of day in shades of dark
or light green, violet or
lilac, and their jewels, flashing
at rare moments in the light,
would please me, forever attired
in my embroidered Chinese dressing gown
or in a finely tailored suit with cufflinks
shaped like Medusa's heads.
Motorcyclists, by chance
racing down the street,
would startle pigeons,
and I would watch them
from the second-floor balcony,
watching as their receding leather backs
at first became black dots
and then nothing.
In my pocket I would keep

маленький револьвер
с перламутровой ручкой
и иногда колол бы им орехи
для дам,
занятых своими длинными сигаретами.

a small revolver
with a mother-of-pearl handle,
once in a while cracking nuts with it
for the ladies,
occupied with their long cigarettes.

[KP]

БЕРЛИН 1927

Писатель танцует с коротко стриженой
женщиной, трепетно прижимая к себе
хрупкую талию и неожиданно сильные плечи.
Женщина говорит по-фински, и её ярко накрашенные губы
складываются в болезненную улыбку.
Писатель думает о том, что и у его партнерши
было прошлое, неизвестное ему детство, малознакомая
юность, но снова забывает обо всём.
Корректный оркестр пронизывает вечер
пряным танго. Эта женщина замирает на плече
писателя и целует его спокойно-страстно, как бы
признаваясь в нежности никому. У писателя
маленькая голова и осторожный усталый рот.
Официант замирает на миг перед новым посетителем
в услужливом полупоклоне. Клубится ночь, до утра
ещё час. Они могут танцевать, они могут пить
шампанское. Он сможет рассказать ей о Ватерлоо,
о том, как в белесом тумане всходило солнце
поражения. Она ничего не поймёт, но пригласит его
танцевать ещё раз. Красивые утренние цветочницы
будут окликать их, предлагая букеты.

BERLIN 1927

The writer dances with a woman whose hair is
cropped short, tremulously embracing
a fragile waist and surprisingly strong shoulders.
The woman speaks Finnish, and curves
her vividly painted lips in a pained smile.
It occurs to the writer that his partner had a past,
a childhood, unknown to him, and a little-known
youth, but then he forgets everything again.
The proper orchestra pierces the evening
with a piquant tango. The woman freezes on the writer's
shoulder and kisses him calmly-ardently, as though
declaring tender feelings to no one. The writer has
a small head and a cautious, tired mouth.
A waiter freezes for a moment before the new visitor
in an obliging half-bow. Night is swirling, only an hour
left until morning. They can dance; they can drink
champagne. He can tell her about Waterloo,
how into bleached fog emerged the sun
of defeat. She'll understand nothing, but will invite him
to dance again. Pretty morning flower girls
will call out to them, offering bouquets.

[KP]

ЗДЕСЬ НАЧИНАЕТСЯ ЛЕС

Лес начинается после города.
Стоят мусорные контейнеры
с предупреждениями
"Берегите лес!".
Следует сбрасывать туда мусор,
когда входишь в лес,
всю эту дребедень из карманов,
и затем бодрым шагом двигаться
по тропинке,
проникая в пространство
без магистралей,
с темными кустами
и сухими ветками.
Здесь скрываются насильники
и тени партизан.
Здесь ты обещаешь себе
говорить меньше
и говоришь меньше.
Ты шагаешь монотонно,
радуясь равномерному кислороду
в легких, радуясь тому, что
вещи не жмут, и нет особых
долгов, и тому, что паспорт с тобой,
удостоверение личности,
водительские права.
Кто ты, известно тебе,
и это приятно забыть,
шагая в сгущающуюся темноту,
теряя направление, бодро
сходя с курса.

THE FOREST STARTS HERE

The forest starts after the city.
Dumpsters stand
with the admonition
"Preserve the forest!"
That's where you toss trash
when entering the forest,
all that junk from your pockets,
and then you advance with jaunty step
along the path
penetrating into space
without highways
with dark underbrush
and dry twigs.
This is where rapists hide out
and the shades of the partisans.
Here you promise
to talk less
and talk less.
You stride in monotone,
taking pleasure in steady oxygen
in your lungs, in the fact that
there's nothing pressing, you have no
debts to speak of, you have your passport,
identification document,
and driver's license with you.
You are aware of who
you are, and it's pleasant to forget it,
stepping into the thickening darkness
losing bearings, boldly
going off course.

[KP]

СЕВЕР

Сижу и спокойно ем водку
В одном заведении на севере города.
У меня полный карман зажигалок,
Могу что хочу поджечь или погреть руку.
Вот и ты садись, красивое бледное племя,
Располагайся на тёплом пятачке судьбы.
Никаких звонков в другие мобильные сети —
Это единственное правило нашей среды.
И она села, и всю дорогу молчала,
Всю дорогу от шести вечера к одиннадцати.
А потом я встал и поблагодарил за вечер —
За время, пространство, движение.

THE NORTH

I sit and calmly eat my vodka
In a certain establishment in the north of the city.
I've got a pocket full of lighters;
I can light anything I want on fire or warm my hand.
You take a seat, too, you lovely, pale tribe;
Make yourself comfortable on fate's warm snout.
Just no calls to other mobile networks—
That's the one rule of our society.
And she sat down, and was silent the whole way,
The whole way from six pm to eleven.
Afterwards I stood up and said thanks for the evening—
For the time, space, and movement.

[KP]

РАДИО-ДРЕЙФ

Полузатопленный корабль посреди Тихого океана. На всем корабле — никого, кроме двоих — радиста и пассажирки. Медленный дрейф в течение месяцев. Аккуратно восходящее и садящееся солнце. Волны. Маячащие порою коралловые островки. Радиостанция вышла из строя во время крушения. Мощности батарей хватает теперь только на передачу в радиусе до тридцати километров. Но они не оставляют надежды. Или надежда не оставляет их. Передача ведется беспрерывно, иногда прерывается. Голос пассажирки, закодированные сигналы радиста. Они вместе и безостановочно опускаются в пространство как облачко передачи. В конце концов беспрерывный SOS сменяется другими сигналами, всё более задумчивыми. Пока радист методично и настойчиво водворяет в пространство меланхоличную вязь точек и тире, пассажирка начинает рассказывать тридцатикилометровому пространству свои сны, воспоминания, впечатления. Она молода и говорит чаще всего о какой-то несбыточной любви. Но из ее рассказа следует, что эта любовь с ней уже случилась, затмив сразу все, что ее окружало, окружает и будет окружать. Радист смотрит в ее прищуренные, как будто отсутствующие глаза, когда она произносит свои тексты. Они давно уже вместе, но стоит ей подойти к передатчику, он — только радист, а она рассказывает свои сны, воспоминания, впечатления. Чаще всего они касаются какой-то несбыточной любви. Но она говорит о ней так, как будто любовь уже случилась. Передача идет на тридцать километров, волн, дрейфа, волн. Ее слышат коралловые рифы. И порой птицы, но так высоко, что им ничего не понятно. Хотя они чувствуют — видимо, речь идет о несбыточной любви. Но говорится о ней так, как будто она уже случилась. Полузатопленный корабль посреди Тихого океана.

RADIO-DRIFT

Half-sunken ship in the middle of the Pacific. The ship is entirely deserted, except for two people: the radio operator and a female passenger. Slowly drifting over the course of months. The sun, rising and setting punctually. Waves. Coral atolls emerge and recede. The radio transmitter broke down in the shipwreck. Batteries have just enough power to transmit over a thirty-kilometer radius. But they haven't abandoned hope. Or hope has not abandoned them. They transmit unceasingly, once in a while ceasing. The passenger's voice, the radio operator's coded signals. Together, without pause, they're released into space like a little transmission cloud. Eventually, the ceaseless SOS gives way to other signals, ever more meditative. While the radio operator methodically and insistently drives out his ligature of dots and dashes into space, the passenger begins to recount her dreams, recollections and impressions across the thirty-kilometer distances. She's young and speaks most frequently about some kind of impossible love. But according to her story, this love has already come to pass, instantly eclipsing everything that was, is, or ever would surround her. The radio operator gazes into her squinting, seemingly absent eyes as she intones these texts. They've been together for a long time now, but the moment she approaches the transmitter, he becomes just a radio operator, and she's recounting her dreams, recollections, and impressions. Most often, they're about some kind of impossible love. But she speaks as though this love has already come to pass. The transmission reaches out thirty kilometers: waves, drift, waves. The coral atolls hear it. So do birds, at times, but at such an altitude that they understand nothing. Although they sense, apparently, the topic is impossible love. But described as though it has already come to pass. Half-sunken ship in the middle of the Pacific.

[KP]

ЛЕТОПИСЬ

в восемьдесят седьмом году
один ученый
ехал в красной машине
по улице пригорода

в девяносто четвертом
шесть полицейских
(два патруля по три человека)
встретились на углу

в девяносто седьмом
фотограф прибыл на съемку
но забыл фотопленку
и позвонил ассистенту

в девяносто девятом
они сидели в открытом кафе
наблюдая за белизной скатерти
без определенной цели

в две тысячи первом
один старик загорал
на берегу маленького
озера в жилом районе

в две тысячи третьем
закрылся тот секонд-хэнд
где были маечки той
фирмы, совсем новые

CHRONICLE

in nineteen eighty-seven
a certain academic
drove a red car
down a suburban street

in ninety-four
six police officers
(two patrols of three men)
met at a corner

in ninety-seven
a photographer arrived at a shoot
but neglected to bring film
and called his assistant

in ninety-nine
they sat in an open-air cafe
contemplating the tablecloth's whiteness
with no definite purpose

in two thousand and one
a certain old man was sunbathing
on the shore of a little
lake in a residential area

in two thousand three
they closed that second-hand store
where they had that brand
of t-shirt, just like new

в две тысячи пятом
один малыш увидел
во сне Америку и
всю ночь улыбался

в две тысячи шестом
целый день было
двадцать шестое
августа

in two thousand five
a certain boy
dreamed of America and
smiled all night

in two thousand six
for a whole day
it was the twenty-sixth
of August

[KP]

* * *

Искусство французского кино
Подразумевает автомобиль, разговор на солнце,
Сломанную, как печенье, судьбу,
Встречу мужчины с не его женщиной,
А потом с женщиной, которая курит натощак.
Должно быть ещё много моментов,
От которых таблетка против головной боли
Может раствориться прямо в воздухе.
А в финале, когда у всех появляется какой-то шанс,
Посылают мальчика за вином, а он всё
Тратит на конфетти.

* * *

The art of French cinema
Presupposes an automobile, a conversation in sunlight,
A fate, broken like a biscuit,
The meeting of a man with a woman who's not his own,
And then with a woman who smokes on an empty stomach.
There should also be many moments
From which a pill for headaches
Could dissolve in thin air.
And at the conclusion, when everyone gets some sort of chance,
The boy is sent out for wine, but he
Spends everything on confetti.

[KP]

МИР, КАК Я ЕГО ЗНАЮ

Мир, как я его знаю, начинается на улице Миера. Пятиэтажный дом постройки 1901 года. Дом 19, квартира 19. Влажный воздух двора (подвал давно и безнадежно залит водой). Футбол, где одни вороты — высокие кусты, а другие — металлические двери гаража, исписанные мелом. Наше окно на первом этаже, в которое однажды влетает метко запущенное кем-то яйцо, разбившееся о гладильную доску. Это неожиданно. Мы застываем, и папа сурово подходит к окну и выглядывает наружу. Но там, как и следовало ожидать, никого. Папа вытягивает руку с вытянутым пальцем и произносит "Пиф-паф".

THE WORLD AS I KNOW IT

The world as I know it begins on Miera Street. A five-story building constructed in 1901. Building 19, apartment 19. The damp air of the courtyard (the basement always hopelessly flooded). Soccer—the tall bushes form one goal and the metal doors of a garage, scrawled with chalk, the other. Our window on the first floor, into which one day flies an egg that someone has thrown with some dexterity. It smashes into the ironing board. This is surprising. We freeze, and papa sternly approaches the window and looks outside. As might have been anticipated, no one is there. Papa sticks out his hand with finger extended and pronounces the words: "bang, bang."

[KP]

ДНИ АНГЕЛОВ

Ангелы — это очень медленные пацаны
которые курят в кулаки какие-то
шоколадные сигареты.
Они переливают из пустого в порожнее
Там, на небесах.
Облака пахнут ванилью,
Всё так чисто, безопасно, ухоженно,
Как завтрак в самолете,
Стоящем в аэропорту
На вечной стоянке.
Иногда они смотрят старые боевики
И думают, что и они могли бы…
Потом идут куда-то вместе
Немного понуро.
Приходят — а это сад,
Идут под яблони, подбирают
Плоды с древа познания добра
И зла. Кусают. Жуют. Для них
Они безвредны, как и всё остальное.
Проходит день, наступают следующий.
И они снова смотрят боевики по телику
Величиной с небо.

DAYS OF ANGELS

Angels are very slow dudes
who smoke through their fists some sort of
chocolate-flavored cigarettes.
They twiddle their thumbs
Up there in the sky.
The clouds smell like vanilla,
And everything's so clean, safe, and well-maintained,
Like breakfast on an airplane,
Parked at an airport,
For eternity.
Once in a while they watch old action films
And think, well we could also do…
Then they go somewhere together,
Just a little downcast.
They get there—it's a garden,
And they walk among the apple trees, plucking
Fruits from the tree of knowledge of good
And evil. They bite down. Munch away. For them
It's harmless, just like everything else.
One day passes; another dawns.
And they watch action films again, on a tv
The size of the sky.

[KP]

СЕНТЯБРЬ

Аппараты тихой погоды включены
На полную мощность. Деревья
Стабильно занимают свои позиции.
Передвижная установка кошки
Затихает на травяном покрытии.
Всё очень хорошо, очень сильно,
Очень реалистично.

SEPTEMBER

The calm weather equipment is turned on
At full power. The trees
Hold steady in their positions.
The portable cat unit
Grows quiet on the grassy surface.
It's all very good, very powerful,
Very realistic.

[KP]

ИСТИНЫ

Я хочу рассказать тебе простые истины,
Открыть тебе важные вещи.
Всегда открывай двери, входи в лифты,
Поднимайся на этажи, проходи по коридорам.
Всегда садись в машины, заводи двигатель,
Если зима, подожди, пока он прогреется.
Всегда трать деньги, но понемногу
И только изредка трать все, что под рукой.
Летом будет лето, осенью будет осень,
Не тушуйся, не делай ничего, от чего тебе тошно.
Девочки станут девушками, а потом ты заметишь
Их, переходящих улицу за руку с малышами.
Мужчины будут хмуро прикидывать возможности,
А потом действовать по обстановке и часто ошибаться.
Правительства созданы, чтобы падать,
Корабли — чтобы проплывать под мостами.
Но тем не менее огни на том берегу реки
Никогда, представь себе, никогда не погаснут.
А если они всё-таки прекратятся, собери сумку,
Не бери лишнего и покинь город как можно скорее.
Приедешь в новое место, осмотрись, прислонись к дереву,
Можешь закурить, если куришь, постоять, подумать.
Видишь, и здесь пьют вечером чай, а по утрам кофе,
Ругают мэра, ждут перемен к лучшему.
А если есть река, и на той стороне видны огни –
Значит, есть за что зацепиться.

TRUTHS

I want to tell you simple truths,
Reveal important things to you.
Always open doors, step into elevators,
Go upstairs, move down corridors.
Always get into cars, start the engine,
And if it's winter, wait until it warms up.
Always spend money, but sparingly,
And only once in a while spend everything you've got.
In summer it will be summer; in fall it will be fall,
Don't get flustered; don't do anything that disgusts you.
Girls will become young women, and then you'll notice
Them crossing the street holding little kids' hands.
Men will somberly weigh the options
But then act according to circumstances, often making mistakes.
Governments are made to fall;
Ships—to glide beneath bridges.
All the same, the lights on the other side of the river
Will never—imagine that—never go out.
Still, if they do, pack your bag—
Only the essentials—and leave the city immediately.
When you arrive in a new place, look around, lean against a tree;
You can light up—if you smoke—stand around, think.
You see, here too they drink tea in the evening, coffee in the morning.
Blame the mayor and wait for things to get better.
And if there is a river and you see lights on the other side,
That's something to cling to.

[KP, JB, BP]

ВОРЫ

Здравствуйте, мы воры из провинциальной гостиницы.
Ждем, пока кто-нибудь не загуляет,
А можем и подсыпать кейфалина в коктейль.
Потом будем долго шарить по карманам,
Отнимем бумажник и часы.
Просто мы очень любим деньги.
И у каждого есть своя цель в жизни.
Я хочу большой дом с огромными постерами
"Металлики" на стенах. А он хочет джип Хаммер,
Чтобы кататься кругами по главной улице,
Время от времени приспуская стекла,
И орать: "Я имел вас и этот город!"
Но обороты у нас не очень.
Кто сюда ездит? Романтические парочки
Да менеджеры по продаже шведской косметики.
Мы чистим им карманы без сантиментов.
Но этих денег хватает разве что на жизнь.
Живем мы скромно, снимаем гостевой домик,
Купили недавно музыкальный центр Тошиба,
А вот на машину не хватает.
И вечерами на заснеженной улице
Под редкими фонарями передвигаются
Две укутанные фигуры. Это мы идем на дело,
В бар гостиницы. Его хозяин имеет долю.
И еще по уговору с ним мы действуем аккуратно.
Не бьем по лицу, не ломаем ребер. И оставляем
Спящих не в снегу, а на крыльце.
В принципе мы собираемся скоро двинуть в столицу.
Есть контакты и вообще иногда хочется размаха,
Понимаете. А то мы порой сами себе подсыпаем
Кейфалина и грабим друг друга, чтобы не растерять навыки.

THIEVES

Hello. We are thieves in a small-town hotel.
We wait for someone to get wasted
Or maybe we slip 'em a Mickey.
Then we'll rummage through his pockets,
Take his watch and wallet.
We just like money a lot.
Everyone has life goals.
I want a big house with enormous posters
Of Metallica on the walls, and he wants a Hummer
So he can cruise down Main Street,
Periodically rolling the windows down
To scream, "Fuck you and fuck this whole town!"
Our take, however, is pretty lousy.
Who comes all the way out here? Nobody but lovebirds
And sales reps for Swedish makeup firms.
We clean out their pockets with no regrets.
But can you really live on this kind of money?
We live simply: rent a guesthouse;
Recently bought a Toshiba entertainment system.
But there isn't enough for a car.
And in the evenings, along snowy streets,
Beneath the sparse streetlamps, two bundled-up figures
Are moving. That's us on the way to work
In the hotel bar. The owner gets a cut.
By mutual agreement, we do a neat job.
We don't smash faces or break ribs. We leave
The unconscious on porches, not in the snow.
Theoretically, we're going to move to the capital soon.
We know some people there; anyway, sometimes you want
    to live large,
You know? Otherwise, we'll be stuck slipping each other

Потом "жертва" просыпается со страшной головной болью,
А "грабитель" уже наготове с холодным компрессом и крепким
Чаем. В общем, живем себе потихоньку. Ну, конечно,
Название гостиницы и что это за городок, мы не скажем.
Да, может, мы и не надолго здесь останемся.
Только не говорите, что навсегда.

Mickeys and robbing each other, just to stay in practice.
Then the "victim" wakes up with a hellish headache,
And the "robber" is ready with a cold compress and strong
Tea. We're getting by. Of course,
We cannot reveal the name of the hotel or the town.
We probably won't stay long.
Just don't say it'll be forever.

[KP, JB]

СЛУЧАЙ С КУКЛАМИ

Я вижу 25 тысяч дефектных китайских кукол,
Сыплющихся, как динамичный горох, с нескольких
Поездов, перехваченных ими на границе. Они
Занимают кафе, рынки и супермаркеты. А потом
Выставляют на улицах полевые кухни и начинают
Выдавать варево из пластиковых пакетов и генно-
Модифицированной сои. Наши войска в замешательстве,
Куклам невозможно нанести урон: разрубленный на части
Отдельный противник сразу становится несколькими
Целыми куклами, обрастая необходимой пластмассовой плотью
За секунды. Простреленные, они только отлетают на пару метров
И поднимаются снова. В них не обнаружено никаких органов
Жизнедеятельности. НАТОвские войска быстрого реагирования,
Прибывшие достаточно скоро, по приказу своего командования
Лишь занимают позиции по границам страны, изолируя ее,
Как своеобразную заражённую зону. Захваченную их спецназом
Пару кукол срочно перебрасывают самолетом в секретную
    лабораторию
Под Мюнхеном, где после множества срочных экспериментов
Выясняется: куклы безразличны к радиации, их выводит из строя
Только жара в районе +150-200 градусов Цельсия. Понятно,
    что такая
Огненная атмосфера заодно выжжет и всё живое вокруг. Тем
    временем
В захваченной стране куклы вводят жестокий режим — по
    всем каналам
Транслируются только кукольные черно-белые мультфильмы 60-х,
То же самое в кинотеатрах, театрах, клубах и другого рода
Общественных местах. Они идут без звука в сопровождении
Стилизованных иероглифов в зеркальном отображении.
    Закрыты

THE DOLL INCIDENT

I see 25,000 defective Chinese dolls
Scattering, like energized peas, from several
Trains they seized at the border. They
Occupy cafes, bazaars, and supermarkets. And then
They set up field kitchens on the streets and start
Distributing broth made of plastic bags and genetically
    modified soy.
The country's troops are in disarray.
The dolls can't be injured: when chopped into pieces,
A single enemy is immediately transformed into several
Whole and unharmed dolls, regenerating their plastic flesh
    in seconds.
When hit by a bullet, the dolls are tossed back a couple of meters
Only to rise again. Their bodies contain none of the organs
That are found in living beings. NATO rapid response troops,
Having arrived more or less quickly, by order of headquarters
Merely take up position at the country's borders, isolating
This now strange, infected territory. Their Special Forces seize
A pair of dolls and hustle them by air to a secret laboratory
Near Munich, where a series of rushed experiments ascertain:
The dolls are impervious to radiation; they can be damaged
Only by temperatures that reach 150-200 degrees Celsius. But such
Hellish heat would scorch every living thing around. Meanwhile,
In occupied territory, the dolls impose a harsh regime: all channels
Broadcast only black-and-white puppet-animation from the 60s
And the same goes for the cinemas, theaters, clubs, and other public
Spaces. The cartoons are played without sound, with stylized
Chinese subtitles projected in mirror image. The dolls have closed
All forges and furnaces, public baths, and any establishment
With elevated heat. Famine sets in: the prices for food
Sold out of secret back rooms climb astronomically; November cold fronts

Все кузницы и котельни, общественные бани и другие места с
Высокой температурой. Начинается голод, цены на продукты,
Доставляемые из-под полы — фантастичны, ноябрьские холода
И проливные дожди делают жизнь невыносимой. Но все дороги
Перекрыты жестокими низкорослыми патрулями. Они безразличны
К холодам, и в их маленьких черных глазах-пуговках читается только
Одно — равнодушное презрение. Нация на грани гибели, национальный
Комитет спасения, прячущийся в болотах севера, выпускает приказы,
Призывы и воззвания к странам-союзницам по НАТО и к мировому
Сообществу. Но ситуация полностью непрогнозируема, и мировые
Лидеры занимают выжидательную позицию. Кукольные фильмы
И иероглифы, кукольные фильмы и иероглифы. И патрули на всех
Мало-мальски проходимых дорогах. Что сделаешь в такой ситуации
Ты, поклонник Уолта Диснея и невоспитанного волка в штанах в цветную
Полоску, как докажешь, что ты — мужчина и защитник? Мозг работает
Лихорадочно, но пока ни одной подходящей идеи. Ты рисуешь синих
Зайцев и жёлтых лисичек, зелёные ёлки, фиолетовые облака на штукатурке
И бетоне спальных районов. Разбрасываешь размноженные на цветном
Принтере изображения Розовой пантеры. Но однажды ты видишь
Выходящую из дверей многоэтажки вереницу людей с печками-буржуйками,
Поставленными на обычные садовые тачки. Именно туда безжалостно

And downpours make life unbearable. But all roads are blocked
By cruel, undersized patrols. They are not affected by frost;
Their little black button-eyes express nothing but indifferent contempt.
The nation is on the brink of extinction. The National
Salvation Committee, hiding out in the northern swamps, issues orders,
Proclamations, and appeals to NATO allies and to the international
Community. But the situation is completely unpredictable, and world
Leaders adopt a strategy of wait-and-see. Puppet-animation and Chinese
Subtitles; puppet-animation and Chinese subtitles. And patrols on all
    minimally
Passable roads. What can you do in a situation like this, you fan of
    Walt Disney
And the poorly behaved wolf in striped pants from your Soviet
    childhood?
How can you prove your worth as a man and protector? Your
    brain works
Feverishly, but produces not a single workable idea. You paint blue
Rabbits and little yellow foxes, green fir trees, violet clouds on
    the stucco
And concrete of residential neighborhoods; you scatter color printouts
Of the Pink Panther. But then, one day, you see a chain of people
Exiting a high-rise, pulling wood stoves mounted on ordinary garden
Wheelbarrows. And into those stoves they mercilessly stuff the dolls.
    Word
Of the new weapon spreads like wildfire; home appliance stores and
    fireplace dealers
Are cleared out immediately. Loads of stoves are dropped by NATO jet
And helicopter. Long lines of people spring up to comb through
    their own
Neighborhoods and beyond—to a triumphant conclusion. Between every
Couple of people is a wheelbarrow with a mobile stove. The people's
    faces are covered
With soot from plastic and radiant with joy. By Christmas it's mostly over.

Sergej Timofejev

Запихивают кукол. Весть о новом оружии разлетается мгновенно, сметены
Все оставшиеся магазины домотехники и каминов. Партии печек сбрасываются
С самолётов и вертолётов ВВС НАТО. Выстроившиеся длинными рядами люди
Прочёсывают свои районы и двигаются дальше — до победного конца. Через каждые
Пару человек — тачка с передвижной печкой. Лица у всех покрыты пластмассовой
Копотью и счастливы. К Рождеству в принципе всё окончено, войска НАТО
И остатки национальной армии входят в страну и интернируют последнюю пару
Сотен обезумевших дефектных кукол. Правительство КНР заверяет весь мир, что
Не имеет отношения к печальному инциденту. Тем не менее, импорт пластмассовых
Изделий резко ограничен. Снова входят в моду тряпичные и шерстяные куклы.
Люди празднуют Рождество. "Чему научила вас эта история?" — спрашивают их
Корреспонденты Би-Би-Си и Эль Джазира. "Она научила нас делиться теплом
И поддерживать огонь", — отвечают они. Все местные расовые и национальные
Конфликты забыты, начинается расцвет ремёсел и экологического мышления.
Однако, поезда в стране теперь оборудованы системой управляемого
Самовозгорания и поэтому, не пользуясь популярностью, мчат по путям
Пустые, с тускло подсвеченными окнами.

NATO troops and what's left of the national army retake the country
    and imprison
The last few hundred crazed defective dolls. The Chinese leadership
    insists
It had nothing to do with the regrettable incident. Nevertheless,
    imports of plastic
Products are drastically reduced. Wool and rag dolls come back
    into fashion.
Christmas is celebrated. "What did you learn from this incident?" ask
BBC and Al-Jazeera correspondents. "It's taught us to share
    the warmth
And keep the fire burning," the people answer. All local racial
    and ethnic
Conflicts are forgotten, and a new era of handicrafts and ecological
    thinking dawns.
The country's trains remain equipped with a system of controlled
Combustion, making them unpopular among the people, and so they
    rush along,
Empty, with dully illuminated windows.

[KP, JB, MV, ST]

МУЖЧИНА С ЖЕНЩИНОЙ

Романтика! Романтика! Вбежали они на пароход,
А пароход дал гудок и превратился в поезд, они хвать
За стоп-кран, а это пробка от шампанского, пузырьки
По руке, словно под водой плывут, и тут приходит
Главный капитан и говорит: "Я изучил седые скалы
Надтреснутых хрущовок…" Наверное, патефон проглотил,
Вот и рокочет теперь, бормочет. Ну, не долго они там были,
Побежали целоваться, бегут целуются, удивительные глаза
У них. Романтика! Романтика! Прибегают в огромный город,
Стоит дом, а под ним канава, а в канаве работает такое радио,
И по радио говорят: "Мы перекрыли все каналы связи, мы
Обложили дёгтем магистрали и по канализации пустили
Золотые реки!" Ну, дела. Бросили они в канаву пятьсот спичек
И побежали дальше. А им навстречу птицы низким полетом,
Виноградник на ходу вьёт вокруг них вензеля, мир густым басом
Поет, мычит. Роскошно движется земля, лижет их ветер,
Как лондонский котенок. Да, нашли они потом огниво,
И неохватный клад с большой орешек, и постелили себе
Каштановое дерево, и спать легли, устали от любви,
Мужчина с женщиной, рижанин и москвичка.

MAN AND WOMAN

Romance! Sheer Romance! They rush aboard a steamboat
But the steamboat sounds the horn and becomes a train; they grab
The emergency brake, but it's a champagne cork; foam
Runs through their hands, as if they're swimming underwater; then up comes
The head captain, who says: "I've studied the greying cliffs
Of fractured high-rises…" Must have swallowed a gramophone.
Now he mutters and mumbles. But they aren't there for long.
They rush to kiss, run and kiss; astounding eyes
They have. Romance! Sheer Romance! They run into a huge city,
A house stands above a ditch; a radio is blaring in that ditch;
And on that radio they announce: "We've closed all communications,
Coated all central arteries with tar, and into the sewers we've poured
Rivers of gold!" Gee whiz! So they throw 500 matches into the ditch
And run on. They're met by low-flying birds.
Grapevines weave arabesques around them. The world's deep basso
Sings and moans. The earth moves luxuriously; the wind licks at them
Like a Londontown kitten. And then they find a tinderbox
And a vast treasure trove big as a nut, and spread their
Chestnut tree bed, and go to sleep, exhausted from love,
Man with woman, Riga boy with Moscow girl.

[KP, JB]

К ИСПОЛНЕНИЮ

Операторы спокойствия должны постоянно держать
Руки на тумблерах регуляторов. В случае частичного
Обрушения реальности и появления провалов иллюзорности,
Немедленно начать вброс концентрата сущности в зону
Ирреального зияния. Покидать свой пост можно только
Сообщив дежурному из замены и передав ему тумблеры
Регуляторов из рук в руки. Если же в какой-то момент
Уставшее от постоянного внимания сознание пошлёт
Сигнал вашему восприятию об иллюзорности самого пульта
Генерального контроля, немедленно нажмите красную кнопку
В подлокотнике кресла для инъекции дозы стабилизатора.
И помните — реальность вашего существования и существования
Ваших близких и родных, улиц, на которых вы выросли,
Деревьев, на которых вы вешали скворечники, и птиц,
Которые в них залетали, школьных парт и дорожек
Районного стадиона, пальцев и губ ваших любимых,
Неба над головами и земли под асфальтом зависит только
От вас, от вашего внимания, от вашей готовности действовать,
Пресекая любые попытки разрушения существования
Со стороны ураганов хаоса, микробов небытия, пришельцев
С той стороны. Да пребудет с вами конкретность, детальность
И дельный спокойный разум логичного пребывания в здесь
И сейчас. Главнокомандующий силами контроля реальности,
Генерал-фельдмаршал Суховатов.

TO BE IMPLEMENTED

Calmness operators should continuously keep
Hands on regulator tumblers. In a case of partial
Crash of reality, accompanied by incursions of illusoriness,
Immediately begin dumping essence concentrate
Into the zone of gaping irreality. Relinquish your post only
After informing the on-duty reserve and transferring regulator
Tumblers to him, directly from hand to hand. If at any moment
Consciousness, fatigued from constant attentiveness, transmits a signal
To your perception concerning the illusoriness of the general control
Instrument panel itself, immediately depress the red button
On the armrest of your chair to inject a dose of stabilizer.
And remember—the reality of your existence and of the existence
Of your near and dear ones, of the streets where you grew up,
Of the trees you hung birdhouses in, and of the birds
That flew into them, of your school desks and of the tracks
At the neighborhood stadium, of the fingers and lips of your loved ones,
Of the sky above your heads and the earth under the asphalt, depends
Only on you, on your attentiveness, on your readiness to act,
Countering any attempts to destroy existence
On the part of chaos hurricanes, microbes of nonbeing, visitants
From the other side. Let precision, attention to detail,
And the efficient, calm reasoning of logical presence in the here and now
Be with you. Commander in Chief of the Forces for Control of Reality,
General Field Marshal Sukhovatov.

[KP]

СХЕМА Б

Легкомысленные молодые люди
Застойного советского периода
Выходили на снег с бутылками шампанского
И серебристами веточками бенгальских огней.
Их фигуры в коричневых полушубках
И с длинными вязаными шарфами,
В полусапогах на молнии и с зажжёнными
Светлячками паршивых сигарет маячили
Под тусклыми фонарями у деревянных домов
Из вытянутых, крашенных бурой краской досок.

Они приводили в ужас и негодование пенсионеров,
Наблюдавших за ними сквозь запотевшие стёкла
Освещённых голыми лампочками кухонных окон,
Они хохотали и падали в снег, ели его, заедали им
Глотки кисловатых пузырьков, бросали снежки
В знаки, запрещающие проезд и парковку.

И потом долго заседали на больших кухнях с круглыми столами
Или маленьких кухоньках с трёхногими табуретками.
Отогревались, отшёптывались, перемигивались, запивали
Всё это чаем, слушали на шуршащих бобинных магнитофонах
Оригинальные записи людей в блестящих штанах и рубахах
С вырезами на груди. Обсуждали услышанное.

Потому что время в те времена наматывалось на большие
Магнитные катушки, стоявшие в подвале ЧК на улице Энгельса,
Огромные, практически не изнашивавшиеся, изобретённые
На Колыме профессорами из зеков. Бессчётные запасы
Неистраченного времени сбрасывались в сибирские реки,
Сжигались в армейских котельных, бетонировались в фундаменте

PLAN B

Foolish young people
In the Soviet period of stagnation
Would go out in the snow with bottles of champagne
And Bengal sparklers like little twigs.
Their figures, in brown waist-length furs,
With long knitted scarves,
In ankle boots with zippers and with glowing
Fireflies of cheap cigarettes, meandered
Under dim streetlights near wooden houses,
Built from elongated boards painted muddy brown.

They evoked horror and indignation among senior citizens,
Who observed them through steamed up panes
Of windows illuminated by bare kitchen bulbs.
They'd guffaw and fall in the snow, eat it, use it to chase
Gulps of sour bubbles, and throw snowballs
At no parking and wrong way signs.

And then they'd hold court endlessly in big kitchens with round tables
Or small kitchens with three-legged stools.
They'd warm up, whisper, wink and nudge, wash it all down
With tea, listening to rustling original reel-to-reel recordings
Of people in shiny pants and shirts
Cut deep down in front. Then discuss.

Because time, in those times, was being wound up on big
Magnetic reels in the basement of the Central Committee on Engels St.—
Huge things, that practically never wore out, invented
In the Kolyma concentration camps by convict professors.
Infinite supplies of unused time were thrown into the rivers of Siberia,
Incinerated in army furnaces, poured into the concrete

Берлинской стены. Именно на изотопах времени работали
Реакторы подводных ракетоносцев. И когда его критическая
Масса опасно зашкаливала, внезапно, в десятках городов сразу
На улицы вываливали компании легкомысленных молодых людей.
Разряженное напряжение осыпалось им новогодними блёстками
На грифы шестиструнных гитар производства ГДР. В воздухе
Отчётливо пахло электричеством. Лампочки уличных фонарей
Мигали. И на некоторое время в зоне видимости вокруг них
Возникала удивительная ясность. Многие до сих пор
Описывают пережитое как "молодость". Те же самые
Моменты проходят в документации как "Схема Б".

Of the Berlin Wall. It was, in fact, precisely isotopes of time
That powered the engines of nuclear submarines. And when its critical
Mass heated up to dangerous levels, suddenly, in tens of cities at once,
Crowds of foolish young people would pour out into the streets.
Heightened tension showered down like New Year's sequins
On the necks of their six-stringed guitars made in East Germany.
    The distinct
Scent of electricity was in the air. Bulbs in street lights
Flickered. And for a short while in the zone of visibility surrounding them
An astonishing clarity arose. To this day, many
Describe what they experienced as "youth." These very same
Moments are referred to in official documentation as "Plan B."

[KP]

ЧЕЛОВЕК С КУБИКОМ

Я встретил его на барахолке в Чиекуркалнсе,
рижской окраине двух-трёхэтажной застройки.
Есть там базарчик, где помимо солёной капусты,
яблок и некачественной обуви, люди продают всякую
дребедень — старые велосипеды, косметички, фонарики.
Я заходил туда иногда в поисках какой-нибудь приятной
мелочи — статуэтки верблюда, привезённой чартерными
туристами из Египта, монетки с туманным прошлым,
книжки или чего-то такого. И частенько видел там мужчину
лет пятидесяти, который в любую погоду вышагивал без
шапки в сером пальто, мерно и целенаправленно обходя
торговые ряды. Он иногда здоровался с продавцами,
перекидывался с ними парой слов, и шёл дальше. Как
я слышал, когда был рядом, продавцы говорили ему:
"Нет… сегодня пусто… не появлялось… может, на следующей
неделе…" Но как-то раз я увидел, что мужик, выложивший
часть товара на деревянный прилавок у маленькой хибарки,
нырнул внутрь неё и возвратился оттуда довольный, протягивая
клиенту в сером пальто небольшой разноцветный предмет
— кубик
Рубика, в довольно хорошем состоянии. Тот взял его в руки,
несколько раз похрустел его боками, перемещая квадратики,
а потом достал потрёпанное портмоне и вынул оттуда деньги.
"Простите", — сказал я мужчине, когда он отошёл от прилавка.
"Вы коллекционируете это?" Он посмотрел на меня недоверчиво,
а потом пожал плечами и произнёс: "Нет, я это сжигаю". И ушёл.
Я повторил задумчиво: "Сжигает…" "Так он говорит",
— подтвердил
продавец. "У него есть теория, что все эти кубики — это такая
подброшенная неизвестно кем ловушка. Помните, в середине
80-х здесь да и не только в нашем городе была волна исчезновения

MAN WITH CUBE

I met him at a flea market in Ciekurkalns,
a two- and three-story development on Riga's outskirts.
There's a little bazaar, where besides sauerkraut,
apples and low-quality shoes, they sell all kinds of
junk—old bicycles, cosmetic cases, flashlights.
So I would stop by from time to time looking for nice
odds and ends—a little carved camel, brought back by charter
tourists from Egypt, coins with a murky past,
little books and things like that. And I often saw a man there,
about fifty, pacing in any weather, without
a hat, in a grey coat, deliberately and purposefully prowling
the market stalls. Sometimes he would greet the peddlers,
exchange a few words with them, and then continue on. And
I would overhear, when I was near, the traders saying to him:
"No… nothing today… none have turned up… maybe next
week…" But then one time I saw a man who had just laid out
part of his goods on the wooden bench by his little shack
dive back in and emerge again satisfied, offering
a small, multicolored object to the customer in the grey coat—
    a Rubik's
Cube, in fairly good condition. The guy took it in his hands,
twisted it a few times with a creak, moving the squares around,
and then produced a worn billfold and pulled out his money.
"Excuse me," I said to the guy, after he stepped away from the stall,
"Do you collect those?" He gave me a wary look,
then shrugged his shoulders and said, "No, I burn them." And left.
I repeated pensively, "He burns them…" "That's what he says," confirmed
the trader. "He has a theory that all those cubes—they're this
trap, laid by god knows who. Do you remember in the mid
80s here, and not only in our town, there was a wave of disappearances
of teenagers, school kids and so on. He says all that

подростков, школьников и так далее. Он говорит, что это всё
абсолютно совпало с волной моды на кубик Рубика. Что это был
такой вброс. Что таким образом отслеживались наиболее
    талантливые
ребята. Стоило сложить такой кубик за рекордно короткое время,
и в течение недели-максимум двух ты вдруг пропадал. Как?
    — никто
не знает. Куда? — никто не знает… Взрослые особенно этим не
    увлекались,
а вот для детворы постарше — это ж была вещь! Он и сам
    беспрерывно
складывает этот кубик дома, так говорят. Но дети — они в
    едь думают
по-другому… У них всё выходит само собой, вдруг раз и готово".
    Я тут
же представил, что, видимо, не зря он заинтересовался
    исчезновениями.
Что тут какая-то личная история… Что, возможно, он надеется
кого-то отыскать. После этого разговора я встречал его пару раз,
а потом переехал. Не знаю, сколько ещё кубиков он скупил, от
    скольких
избавил человечество. Но думаю, что когда-нибудь всё же случится
    так,
что его комнату взломают после недельной тишины и полицейский
вместе с соседями обнаружат пустоту, аккуратно сложенные
    на стуле
вещи, а посередине комнаты будет лежать кубик, у которого
    каждая грань
будет состоять из квадратиков одного цвета. Всё-таки ему удастся,
попасть туда, где отвечают на вопросы, где сама реальность
    — ответ.
Где всё идеально складывается, ложится одно в одно и замирает.

precisely coincided with the Rubik's Cube craze. That it was
a kind of bait. That they used it to track down the more talented
kids. All you had to do was solve the cube in record time
and then within a week or two at most you were gone. How? No one
knows. Where? No one knows… It didn't catch on much with grownups,
but with the older kids—for them it was huge! The guy is continuously
working the cube himself at home, they say. But kids—they think
different… It comes out on its own, just like that and it's done." Just then I
thought that, probably, the guy's interest in disappearances wasn't by chance.
There's some kind of personal history… That possibly he's hoping
to locate someone. After that conversation I saw him again a couple times,
but then I moved. I don't know how many more cubes he bought— from how
many more he defended humankind. But I think that someday, all the same,
they'll break into his room after a week of silence and the policeman,
along with the neighbors, will find no one there, clothes carefully folded
on the chair, and in the middle of the room will lie a cube, each side of which
will consist of squares of a single color. All the same he'll make it;
he'll get to the place where questions are answered, where reality itself is the answer.
Where it all comes together perfectly, settles in its proper place and falls silent.

[KP]

СТАРЫЙ МИР

Я видел рождение старого мира,
Обветшавшие дома возводились
Целыми улицами, с ржавыми водосточными
Трубами, обрывающимися за пару метров
До земли, выкорчеванными рамами в подъездах
И прочими доминантами упадка. Прокуренные "опели"
И "фольксвагены" с вмятинами на капотах и
Потёками ржавчины ввозились в страну караван за
Караваном. И стариков понаехало со всего
Света, отовсюду свозили сюда ненужных там
Стариков, радостно покашливающих в нитяные
Перчатки на здешних трамвайных остановках.
И вот заледенела жизнь. Затормозилось всё, медленней
Стала сочиться вода из кранов, медленней полицейские
Нагоняли воров, а те медленней доставали пистолеты
И нажимали на курки, которые разваливались в труху,
Напоследок испустив огненный цветок выстрела.
Пуля же летела вперёд не меньше столетия. Да так и замирала
В воздухе, как таблетка, упавшая в густой прозрачный сироп.
Или как жёлтая витаминка драже с истёкшим сроком годности,
Закатившаяся за шкаф и уткнувшаяся в пыль, бумажки и
    ностальгию.

OLD WORLD

I saw the old world's birth,
Whole streets of delapidated houses
Were erected, with rusty rain
Downspouts, broken off a couple of meters
From the ground, doorframes ripped out in entryways
And other structures of neglect. Smokestained Opels
And Volkswagons with dents in their hoods and
Splotches of rust were driven into the country in caravan
After caravan. And old folk came in droves from all over the
World, from everywhere they brought these unwanted
Old timers, joyfully coughing into their knit
Gloves at the local tram stops.
And life iced over. The whole world hit the brakes, water
Flowed more slowly from faucets, the police
Chased thieves more slowly, who went for their guns slower
And pulled triggers that fell apart like rot,
As they released one last fiery flower of a shot.
A bullet would fly forward for at least a century, finally freezing
In the air, like a tablet dropped into thick, transparent syrup.
Or like a yellow vitamin pellet, past its expiration date,
That rolls behind the cabinet and lodges in dust, wrappers and
    nostalgia.

[KP]

* * *

Отъединился шнур,
Выскочил кабель из гнезда,
Упало напряжение в сети,
Пересохли информационные потоки.
Идешь по пустым редакциям
И выключаешь свет.

* * *

Cord came unplugged;
Cable jumped from socket;
Power's fallen off in grid;
Information flows have dried up.
You walk through empty editorial offices
Turning the lights off.

[KP]

АРТУР ПУНТЕ

ARTUR PUNTE

* * *

Предплюсна, плюсна, фаланги пальцев
Предплюсна, плюсна, фаланги пальцев.
Надев темные очки повторяй эти слова.
За очками чудится какая-то глубина,
но высказать ее нельзя
за словами чудится какая-то глубина,
но высказать ее нельзя
в поэтах наблюдается какая-то глубина
какая-то пустота какая-то пустота какая-то пустота
Предплюсна, плюсна, фаланги пальцев —
это поэзия, это стихи.

* * *

Metatarsal, tarsal, phalanges of the digits
Metatarsal, tarsal, phalanges of the digits.
Put on dark glasses and repeat these words.
Beyond the lenses gleams a kind of depth,
but it can't be said aloud
beyond the words gleams a kind of depth,
but it can't be said aloud
in poets there appears a kind of depth
a kind of void a kind of void a kind of void
Metatarsal, tarsal, phalanges of the digits—
this is poetry, this is verse.

[KP]

ДЕДУШКА

Дед мой умер в прошлом году. Родственики поставили на его могиле некрасивый памятник с богородицей. А он был материалист. И я материалист от него, и знаю, что ему нравились праздники — Сретенье, Успенье, Покров и другие, а в бога он не верил и попов за мужиков не считал. Когда дед был молодой и у них с бабушкой дети были маленькие и еще не все, его перевели из одного маленького города в другой. Они с бабушкой были красивыми, как мы сейчас. Дед был главным над лесниками, а бабушка дома. Дом им поставили на горе. Многие жители города проходя мимо крестились на дедов дом. Бабушка говорила, что все молятся на ее мужа, и смеялась. И теперь, когда рассказывает, смеется. Просто раньше на горе стояла церковь. Еще, дед был весь в осколках и после войны закончил партийные курсы, чтобы стать начальником. Бабушка вышла за него из жалости и из принципа, чтобы он не думал, что больше никому не нужен. Сама выходила его после контузии, так, что к рождению второй дочки он даже не хромал. К тому же, бабушка не давала деду пить, кроме как для лечения. Поэтому они прожили вместе пятьдесят лет. Он придумал одно устройство, которое теперь стоит на всех комбайнах, и теплицы для елочек и сосенок, чтобы быстрее росли. Дед несколько раз хотел покончить с собой и летом уходил в лес с ружьем. Зимой с собаками охотился на зайцев и сам валил лес "Дружбой" на дрова. Один построил баню и клал печи. Он не мог пить чай без колотого сахара, а в кружку вместо лимона опускал дольки апорта. Апорт и антоновские яблоки всю зиму, были из сада, в котором и сейчас их больше, чем можно съесть. Дедова бабка была колдуньей, но он мог только снимать сглаз водой и знал настоящие слова Комаринского мужика. У деда всегда было больше земли, чем можно и раз в три года ему давали новый запорожец. Дед не любил телевизор, но всегда смотрел новости и матерился. Он мог ответить на все мои вопросы, так

GRANDFATHER

Grandpa died last year. My relatives put an ugly headstone on his grave with the virgin mary. But he was a materialist. And because of him I'm a materialist too, and I know he liked church holidays: Purification, Dormition, Protection, etc. But he didn't believe in god and priests weren't real men for him. When grandpa was young and his and grandma's kids were still little and not all born yet, he got transferred from one little city to another. He and grandma were as good looking as you and me now. Grandpa was a boss for the forest rangers and grandma stayed home. They built them a house on a hill. Lots of locals crossed themselves when they went past Grandpa's house. Grandma used to say they all prayed to her husband and she'd laugh. She still laughs when she tells about it now. It was just that there was a church on the hill before. Also, Grandpa was full of shrapnel and after the war went to the Party school to become a boss. Grandma married him out of pity, and also principle, so he wouldn't think nobody wanted him anymore. Nursed his wounds herself so good he didn't even limp by the time their second daughter was born. Also, Grandma didn't let Grandpa drink, except for medicinal purposes. So they lived together for fifty years. He thought up a modification that's now standard in all combines, and greenhouses for pine and fir saplings, so they'd grow faster. A few times Grandpa wanted to kill himself and he went into the forest in the summer with his rifle. In winter he hunted hare with his dogs and cut down trees with his chainsaw for firewood. Put up a bathhouse and built brick stoves by himself. He couldn't drink tea without lump sugar, and dropped slices of Pippin apples in the mug instead of lemon. Pippin and Antonovka all winter, that came from the garden, where there's more than gets eaten even now. Grandpa's grandma was a witch, but he could only use water to remove evil eye and knew the real words of the song about the Komarinsky peasant. Grandpa always had more land than allowed and every three years they gave him another little car. Grandpa didn't like

что я их даже специально придумывал, и называл меня Артюхой. Летом он брил меня машинкой налысо, оставляя только чуб, поэтому теперь у меня хорошие волосы. Лежал он не больше двух дней. Прежде продал машину и оставил бабушке денег в госбанке. Я и сейчас его люблю, хоть и был на его могиле один раз.

TV, but always watched the news and cursed. He could answer all my questions, so I thought them up special for him, and he called me Arty. In summer he would shave my head with an electric razor, leaving just the cowlick, so now I have good hair. He lay there dying less than two days. Sold his car earlier and left the money in the state bank for Grandma. I still love him, except I've only been to his grave once.

[KP]

ГОД ВРЕМЕНИ

август	все что я могу сделать сегодня вечером
	припарковать рядом с твоим домом
	этот свой пыльный фургон с надписью
	фрукты тропических стран
	и пообещать что утром до работы
	мы обязательно съездим к морю
	пока стоит такая погода
	но ведь все равно получится что проспим…
	говорят окраины сгорят вместе с летом
октябрь	и тогда дерево в нашем дворе — это каштан —
	опаленным краем десятого месяца
	срежет к чертям городскую башню
	на что есть верная примета:
	видишь листья который день
	показывают обратную сторону
	дереву сделать такое труднее
январь	чем заложнику подать беспомощный знак
	в стране где к ним
	никогда не приходят на помощь
	чтобы не создавать прецедент
	понимаешь обугленные зазубрины
	обугленные зазубрины
	всю зиму в окне
апрель	вот что будет потом…
	но пока день освещает
	две грани любого дома
	открою тебе причину своей печали:
	этой весной с живого друга
	гипсовую снял маску
	за что похоже наказан

A YEAR'S TIME

	all I can do this evening
	is pull in next to your building and park
August	this dusty van of mine with the words
	tropical fruits on the side
	and promise that before work in the morning
	we'll definitely drive out to the beach
	while the weather's this nice
	but all the same it'll turn out we oversleep…
	they say the outskirts will burn up along with summer
October	and then the tree in our yard—the chestnut—
	will get pruned by the tenth month's singed edge
	into the shape of the city tower,
	as you can tell by a sure sign:
	see, for days its leaves have been
	turned inside out
	it's harder for a tree to do that
January	than it is to signal helplessness to a hostage
	in a country where no one
	ever comes to their aid
	in order not to set precedents
	you understand charred stumps
	charred stumps
	out the window all winter
April	that's what there'll be…
	but for the time being the day illuminates
	two sides of every building
	I'll reveal the secret of my sadness to you:
	this spring I made a plaster mask
	from a living friend's face
	for which I'm being punished it seems

[KP]

* * *

Всё пешком,
не стою на остановках,
не звоню
из телефонных будок,
если нечем
протереть трубку или
не прикладываю
тогда к уху,
в кафе теперь
не могу обедать —
а раньше передавали
кружку по кругу,
брезгую дышать,
если людно,
брать сдачу,
заводить беседы,
чужие руки
не пожимаю,
свои — мою часто,
плюс еще
один минус —
пробовал счет открыть —
не могу подпись
одинаково поставить
даже два раза,
у меня поэтому
никогда не будет
своего дела,
а как ваши дела?
Обхватывая сказанное
ногами, садясь верхом

* * *

Always on foot
I don't wait at bus stops,
no calls
from phone booths
if there's nothing
to wipe the receiver with or
I just don't touch
my ear with it
can't stand eating
in cafés anymore—
they used to pass
a single cup around the table,
squeamish to breathe
in a crowd,
to take change,
or start conversations,
don't shake
others' hands
wash my own often
and plus
one more minus
tried to open an account—
can't sign my name
the same way
even twice
that's why I'll
never have
my own business,
but how are you doing?
Grasping the above,
with legs astride

на своего пони, понимаю —
кажется, у наших детей
не будет инициалов —
как мы присоединим
к своим фамилиям
другие имена —
не представляю…

my pony, I realize—
looks like our children
will have no initials—
how could we put
before our own last names
any others—
I can't imagine…

[KP, KS]

* * *

Я знаю — шпану с улицы Таллинас развеселит
только большая машина мчащаяся мимо слишком быстро,
за рулем которой молодой придворный рассказывает нам на латышском
об удовольствии от приобретений в рассрочку… "Здесь, кстати,
лучше не ходить ночью…" …при постоянном, пусть даже небольшом, доходе.
"А в какой-то стране на юге существует специальная служба, она тайно
разбрасывает мелкие монеты в утренних городах… Читал об этом в новостях…
Так что хорошее настроение людей почти ничего не стоит властям", —
радостно подводит он итог. "Я же говорю, чиновничья профессия
так или иначе ведет к нравственному распаду", — ничуть не стесняясь хозяина машины ,
делает свои выводы заочный студент Питерской академии художеств.
Все коротко смеются, чтобы смягчить возможное столкновение… В тишине
пересекаем Чака на желтый. Минут пять нам еще по пути. Хозяин включает радио…
После новостей спрашиваю Иманта, молчащего рядом, что он,
как матерый дизайнер предпочитает — PC или Mac? На неплохом русском он отвечает,
что уже давно не поддерживает такой конфронтации, но сам работает только на Mac'е.
"Просто в агентстве у нас нет PC…" "…Я выйду возле бывшего Ригас Модес…"
"…А, кстати, как русские делают… То есть…", — он хочет спросить что-то

* * *

I know—the only thing that cheers up the gang from Tallinas St.
is a big car racing by at excessive speed,
and behind the wheel is a young courtier, explaining in Latvian
the pleasures of purchase by credit… "By they way, better not to walk here
after dark…" …when on a fixed, even if modest, income.
"But in a certain southern country there's a special agency that secretly
scatters small change across the morning cities… I read about it in
    the papers…
And so it costs the government next to nothing to keep people in a
    good mood,"
he sums up joyfully. "I tell you, the bureaucratic profession
one way or another leads to moral collapse," the correspondence
    student of the
Petersburg Academy of the Arts draws his conclusions with no thought
    for the car's driver.
Everyone laughs a bit to defuse a possible conflict… In silence we cross
    Čaka St.
on yellow. We'll ride together for five more minutes. The driver flips on
    the radio…
After the news, I ask Imant, sitting there silently, what he,
as a veteran designer, prefers—PC or Mac? He replies, in pretty good
    Russian,
that he stopped seeing it in such stark terms a while back, but he only
    works on a Mac.
"We just don't have any PCs at the agency…" "…I'll get out by the old
    Rigas Modas building…"
"…By they way, how do Russians… I mean…" he wants to ask something
about the peculiarities of PCs, but mixes up computers with my
    nationality and breaks off…
"Funny," from the front seat the student jumps in on the awkward
    moment,

об особенностях PC, но путает компьютеры с моей
  национальностью и осекается...
"Забавно", — с переднего сиденья подхватывает неловкость
  студент:
"Давно уже заметил, что собственная национальность, названная
  на другом языке
или с акцентом, всегда звучит как-то оскорбительно, да... Или сам
  скажешь: циган,
и нет уже той словарной нейтральности, правда? А чукча,
  так вообще..." :)
Он смолкает, ожидая нашего смеха... В тишине начинается всем
  известная песня.
Но угрюмую шпану с улицы Таллинас развеселит только
  огромный джип,
мчащийся поздним вечером слишком быстро.

"I noticed long ago, that when someone names your nationality in a
    different language
or with an accent, it always sounds sort of insulting, yeah... Or when
    you yourself say, Gypsy,
there's no terminological neutrality, you know? And with Chukchis,
    forget about it..." :)
He stops, expecting we'll laugh... A familiar song begins in the silence.
But the gang from Tallinas St. can be cheered up only by a huge Jeep,
racing by in the late evening at excessive speed.

[KP]

ГОЛЛАНДИЯ ИЛИ РАСКАЧИВАТЬСЯ В ТРОЛЛЕЙБУСАХ, КАК В КНИЖКАХ МОРЯКИ

Витрины — ветер магазинов —
нас подгоняет. Именины —
истрачен на подарки день.
Как можно было одно имя
на стольких разделить людей?!
В такую ночь, да в день зарплаты
кого-то разорвет азарт —
тогда банальные бананы
больным в палаты доставлять
опять обяжут. Только нам
тесна пижама — в клетку ткань,
а площадь палуб больше суши —
такая родина у нас.
Оно, голландцу, всяко лучше —
стать моряком. Пусть утонуть,
все ж — не разбитому лежать
на дне… рожденья без подарка,
и не промокнуть в декабре…

…Но решено: подарим ей
приборчик в корпусе прозрачном —
как бы застывшая вода
бассейна… Нам домой пора
под утро. Модную с собой
под мышкой унесем подшивку.
Такой уж час: нам равно все —
нам равно рано — спать ложиться
или вставать. Гляди, сидят
в салонах парами таксисты —
им карты в руки кто-то дал,

HOLLAND, OR SWAYING IN TROLLEY BUSES, LIKE SAILORS IN BOOKS

Display windows—the wind of stores—
propel us. Name Day—
a day wasted on presents.
How could one name
be shared among so many?!
On a night like that, a payday too,
gambling fever will rip some apart—
then they'll have to return
to delivering banal bananas
to convalescents in sickbays. For us, though,
the gown is too tight—the checkered cloth,
while the decks expanse exceeds dry land—
that's our homeland.
For a dutchman it's best of all
to become a sailor. Let them drown,
at least they won't lie broken
in the depths… birth without a present,
and never getting drenched in December.

…But it's decided: we'll give her
a mechanism in a transparent frame—
like congealed water
from a swimming pool… Time we headed home
toward morning. We'll carry off the stylish
binder tucked beneath our elbows.
It's that time: but for us, all the same—
for us it's always as early to sleep
as to rise. Look: drivers
sit in taxis in pairs—
someone's put cards in their hands

чтоб не заснули. Долго ли
своею заразить зевотой…
Качнув бортами аппарат,
ночь зачерпнув, уходим глубже,
то огибаем парк пустой,
то стадиона остов стылый
насквозь проходим под водой.

А я?! А мне?! Слов не собрать!
Намыт песок на языке:
"Держись за поручень, голландец,
чтоб не лежать тебе на дне!"
В иллюминатор боковой
уперся лбом, но мыслей нет.
Ребенком умственно усталым
глядеть сквозь надпись на стекле
осталось. Только по шаблону
изображен здесь инвалид.
Сон не идет и не уходит.
Я знаю, сердцем жалко рыб —
им кислород с трудом дается,
трудней, чем нам… Знать бы, куда
сквозь город, по диагонали,
несет нас темная вода

so they won't doze. They won't
infect each other with yawning long…
We've rocked the apparatus by the boards,
and drawing in the night, go deeper;
first we skirt a vacant park,
then we pass under water right through
the still bones of a stadium.

And I? And me?! Can't find the words!
Sand washed up on my tongue:
"Grip the rail, dutchman
or you'll lay down in the depths!"
Against the porthole to one side
I press my forehead, but can't think.
To stay like a child, mentally spent,
staring through the writing on the glass
is all that remains. But this is just a cliché
a rough sketch of an invalid.
Sleep neither comes nor goes.
I know, at heart one pities fish—
they work hard for their oxygen,
much harder than we do… I'd like to know where,
across this city, along the diagonal,
the dark waters are taking us

[KP]

НАПОСЛЕДОК: НЕСКОЛЬКО ПРИЧИН, ПО КОТОРЫМ Я ПОТЕРЯЛ СЛУХ

легко потерять слух если престарелый таксист умничает всю
    дорогу
ладно бы говорил о девочках и контрабандных сигаретах,
которыми торгует всю жизнь, так ведь нет — пытается обратить
в какую-то религию что ли голос его перестаешь слышать за окном
немые картинки становятся телевизионным сопровождением
к поющему в салоне барду а сам таксист уже только открывает рот
не впопад поглядывая то на тебя то на дорогу…

или вот тоже — и это вторая причина по которой я потерял слух —
после стольких лет встречаю иногда бывших подруг по школе
и каждая из них не позднее восьмого по счету слова произносит
предательским тоном "мой муж" и дальше повторяет этот
    "мой муж"
достаточно часто так что ничего кроме этого сиреневого
    "мой муж"
нельзя уже разобрать а сама прожила год в Америке… после
    упаковка
никак не рвется в обозначенном пунктиром месте
и вообще долго еще переживаешь…

и наконец главная причина по которой я перестал слышать: помню
покидая мой город чужие шеренги на совесть чеканили шаг
гражданская мостовая исходила трещинами искусство строевого
    шага
состоит в отчетливости и равномерности в отчетливости и
    равномерности
шеренга равна шеренге — шаг шагу удар подошвы каждого
    рядового
сливается в общем ударе строя интервал тишины строго выверен

FINAL REMARKS: SEVERAL REASONS FOR MY LOSS OF HEARING

you can easily lose hearing if an elderly taxi driver is a wisecrack the
   whole ride
it'd be fine if he talked about girls and black-market cigarettes
that he's been selling his whole life, but no—he's trying to convert
you to some kind of religion maybe you stop hearing his voice out
   the window
tableaux vivants turn into a televised accompaniment
to the chansonnier singing in the car and the taxi driver is just
   opening his mouth
turning to look at you or at the road at random...

or this, too—and this is the second reason I lost my hearing—
after so many years I sometimes meet former girlfriends from school
and each one of them, no later than the eighth word she says, comes
   out with
"my husband" in a traitorous tone and then goes on and repeats this
   "my husband"
so frequently that apart from this lilac-colored "my husband"
you can't hear anything else and she lived a year in America... later
   the packaging
refuses to tear along the perforated line
and in general you are upset for a long time...

and finally the main reason why I lost my hearing: I remember
foreign ranks departing from my city imprinting their tread with a
   vengeance
the civilian asphalt was breaking out in fractures the art of marching
   in formation
consists in precision and uniformity in precision and uniformity
rank equal to rank—step to step the impact of each soldier's sole

Artur Punte

за ним следует неизбежная рифма следующего шага так вот
этими своими солдатскими сапогами маршируя мимо окон моей
 кухни
вся эта русская литература и оттоптала… и сбила мне слух
 напрочь!

blends into the common impact of the formation the interval of quiet strictly marked
after which follows the inexorable rhyme of the next step so that
with these military boots of theirs marching past the windows of my kitchen
all that Russian literature stamped it out… and smashed my hearing completely!

[KP, KS]

COPYWRITER (ИЗ ЦИКЛА "КОЛЛЕГИ")

     Ал.

Рядовой копирайтер сетевого агентства,
что ты видел при высадке нашего десанта из такси
когда на тебе два комплекта униформы
сменяют друг друга через отрезки уставного времени,
что ты мог видеть, послушным патроном ложась
в ствол этой улицы, нацеленной на окна последнего этажа,
где каждое утро бываешь запеленгован,
где тебя уже ждет черный телефон, витой такой провод,
длины которого могло бы вполне хватить…
Что ты видел на сезонных подходах к рыночным площадям
со всей своей агрессивной стратегией, когда
не бываешь дальше одного изнурительного марш-броска в день?
В наше мирное время слушают ли однополчане
эту твою команду? В конце концов,
известно ли рядовому копирайтеру сетевого агентства,
куда падает пуля после выстрела в воздух?
Куда падают наши пули после торжественного (в честь победы
или только ее годовщины) залпа в воздух?!
Но не ждите, что армейские справочники выдадут вам ответ,
остерегайтесь, говорю, веселого солдата,
остерегайтесь развязного солдата на побывке, остерегайтесь
меня, рядового копирайтера, весело постреливающего в эфир
или прозябающего в ожидании перечисления.
Что он (то есть я) выскажет единственным своим словом "дай",
что видел на своем веку рядовой копирайтер срочной службы,
путешествующий разве что по страницам словаря синонимов,
по алфавитному указателю географического атласа,
где (в столбик) Австралия граничит у него с Австрией,
Даугавпилс с неким Даулатабадом, Гренада с Гренландией,

COPYWRITER (FROM THE CYCLE "COLLEAGUES")

To Al.

Rank and file copywriter from an internet agency,
what did you see as our landing party emerged from a taxi
when you wear two sets of the uniform
that relieve one another at regulated intervals,
what could you have seen, after laying down, an obedient round
in the barrel of this street, aimed at the top floor window,
towards which you take your bearing every morning,
where a black telephone already awaits you, a coiled cord,
the length of which would be quite enough…
What did you see during seasonal campaigns to market squares
with your whole strategy of aggression, when
you venture out no further than one exhausting forced march per day?
In our times of peace, do fellow members of your squadron
obey your command? Ultimately,
does a rank and file copywriter from an internet agency know
where a bullet fired into the air will fall?
Where do our bullets fall after a triumphant (marking victory
or simply its anniversary) shot into the air?
But don't wait for the army manuals to give you an answer,
and steer clear, I say, of the happy soldier,
steer clear of the brash soldier on furlough, steer clear of
me, the rank and file copywriter, shot off happily into the ether
or vegetating in anticipation of a transfer.
What will he (that is, I) say with his single word "gimme,"
what did the rank and file copywriter see in his span of urgent service,
journeying if only among the pages of a thesaurus,
or through the alphabetized index of a geographical atlas,
where (in one column) Australia borders with Austria,
Daugavpils with a certain Daulatabad, Grenada with Greenland,

Гудермес и Гудзон, Коломбо с Коломной,
Ривьера, Рига и Рим, (правда, в английском варианте это не так).
Что он после этого может знать, сетевой копирайтер рядового
   агентства
(или наоборот). Чем вообще должна питаться
хоть какая-то уверенность в нём? Да что он вообще видел,
подорванный на корню наш сослуживец, спросим мы снова!

Ну, может, видел однажды аварию, видел драку, видел, на улице
   кому-то плохо.

Gudermes with Hudson, Colombo with Kolomna,
Riviera, Riga and Rome (true, in an English version it doesn't work).
After that, what can he know, internet copywriter of a rank and file
    agency
(or vice versa). What can possibly sustain
even the slightest confidence in him? What can he have seen at all,
this, our deracinated co-worker, we ask one more time!

Well, possibly, he saw an accident once; saw a fight; saw someone sick
    on the street.

[KP]

ИЗ ЦИКЛА "КОЛЛЕГИ"

В.Л.

Куда завел по ключевому слову поиск
по собственному имени, преследуя по ссылкам,
вдруг обнаружишь двадцать лет спустя
себя в квартире без единой книги,
без книжных полок.
Твой городок совсем осел, и никогда
(ты можешь досмотреть прогноз погоды до конца)
и никогда ни на одном канале
твой городок синоптиком не будет упомянут.
(Погода выпадает наугад.)
Зато натоплено по-стариковски, что зубы портятся,
что по-старушечьи готовят, морковкой мелкою
(с лотка торгуешь пока свет) немытою
распались сонно пальцы — пульт падает
пульт падает, и пульт упал на пол… Простыл,
в простых запутаешься простынях, проспишь, разбудят
(затравленный счетами, шумит сосед за каждою стеной),
спросонок взгляд на обоях соберешь, на этом снимке
к тебе еще не применен утюг уюта,
еще кредитом неподъемным держится ваш брак
еще в рассрочку дом, еще — компьютер
чувствительнее к перепадам тока,
чем ты — давления, как вдруг спохватишься,
в последний день недели отключат сеть,
пойдешь пройтись, активные все окна
попробуешь закрыть, попросишь книг,
хотя бы тех — для бедных: сто способов разбогатеть,
исправить карму, десять шагов к ответам, …,
как выйти замуж, похудеть…
Как мне отсюда выйти?

FROM THE CYCLE "COLLEAGUES"

to V. L.

Where were you led by the keyword search
for your own name, following the links,
you suddenly find yourself twenty years later
in an apartment without a single book,
without bookshelves.
Your town has completely gone to seed, and never
(you can watch the weather forecast to the end)
never on a single channel
will the meteorologist mention it.
(Weather takes shape at random.)
Yet the heating is set old-man high, which ruins teeth,
and cooking like old ladies, like unwashed carrot runts
(you work a market stall until dark) sleepily
your fingers part—the remote falls
the remote falls, and the remote fell to the floor… Caught a cold,
you get tangled up in plain sheets, oversleep, are roused
(tormented by bills, a neighbor rages through every wall),
you throw a questioning glance at wallpaper, in this shot
you've not yet been subjected to the iron of domesticity,
your marriage is still supported by overwhelming credit,
the house is still mortgaged, and still—the computer
is more sensitive to spikes in the current than you
to shifts in pressure, and suddenly you come to your senses;
on the last day of the week they shut down the network;
you take a stroll, try to shut
all active windows, ask for books,
at the least the ones for poor folk: one hundred ways to get rich,
to repair karma, answers in ten steps, …,
how to get married, lose weight…
How can I get out of here?

[KP]

ИЗ ЦИКЛА "КОЛЛЕГИ"

К.В.

Вроде все правильно делал: спал головой на восток,
Ездил порой на Запад, про опечатки сообщал в редакцию,
холодным ножом снял с себя всю изоляцию,
на Каменном мосту стоял без перчаток — слушал ванты,
прислонялся к опорам, молоточком простукивал связки,
во избежание недоразумений, позвонил на станцию —
напомнил администрации: сегодня заполночь не забудьте
перевести стрелки (вокзальных часов) в направлении
    прибывающего паруса…
Показания соседей говорят, одной держался
"силой совместного (с кем?!) заблуждения".
Малейшего намека оказалось достаточно —
свое имя в списке заметил краем глаза, ударило и понесло,
ударило и понесло — быстрее, чем поезд из Эдинбурга на Глазго
(В этом узком месте Британский остров можно пересечь за день
    два раза).
Обвели простым карандашом, обыкновенной порезался бумагой,
повелся, признайся, повелся — повелся и повредился,
    весь изолгался,
ходишь мостами, повторяешься, чтобы как-то держаться ритма.
Один единственный звук пропал в общем гуле, а ты уже испугался.
Это надбровные дуги гудят на морозе, (с приближением состава)
пролет сообщает вибрацию — узору холодных конструкций,
    ломкому металлу…
Это что-то в составе крови, накопилось с водопроводной водой:
просыпаешься и часами ждешь, пока зазвенит будильник,
тушкой голубя в вентиляционной шахте. Простым прохожим
от дома отходишь, насколько хватает одной зарядки.

FROM THE CYCLE "COLLEAGUES"

to K. V.

Seems like I did everything right: slept with my head to the east,
Took trips to the west, informed editors about typos,
stripped all my insulation with a cold knife,
stood on the Stone Bridge without gloves on—listened to the cables
leaned on supports, rapped a little hammer against the joints,
to avoid confusion, called the office—
reminded the administration: today after midnight don't fail
to adjust the hands (of the rail-station clock) in line with an arriving sail...
Neighbors' depositions say I was hanging on only
"by force of collective (with who else?!) delusion."
The slightest hint turned out to be enough—
caught sight of my name on the list, was struck and carried away,
struck and carried away—faster than an Edinburgh-Glasgow train
(In that narrow spot you can cross the Island of Britain twice a day).
They circled it with a graphite pencil, cut myself on plain paper,
fell for it, admit it, fell for it—fell for it, got hurt, became a total liar,
you wander along bridges, repeat yourself, just to hold the rhythm
    somehow.
One little sound vanishes from the general hum, and you're already
    scared.
It's the brow's arch ringing in the frost, (at train's approach)
a span transmits vibration—to a filigree of cold structures, to
    brittle metal...
It's something in the composition of the blood, accumulated from the
    city water:
you wake up and wait for hours for the alarm to go off,
like a pigeon's carcass in a ventilation shaft. Like a simple pedestrian
you leave the house, for the duration of a single charge.

На всех мостах слегка помятый,
на всех мостах, с безумной скоростью стоишь,
обычным временем обветренный, на всех мостах.

On all bridges slightly crumpled,
on all bridges, you stand with crazy speed,
windblown by simple time, on all bridges.

[KP]

ИЗ ЦИКЛА "КОЛЛЕГИ"

С.Т.

Странные вещи бывают порой прикреплены
к оконным рамам фасадных домов,
ладно, кормушка, а то зеркало заднего вида,
даже целых два, корзинка или, представьте,
ржавый колокольчик — в окне четвертого этажа.
Я верю, всему есть свое объяснение,
так, буквально несколькими жестами удалось установить,
что этот парень приехал к нам из Пярну,
а эта девушка, например, полностью вышла из газеты
и впредь будет сидеть за кассовым аппаратом,
и все только потому, что на нем меньше клавиш…
Стоит ли и дальше прикидываться простым прохожим?
Сколько можно коситься на крыши,
шарахаться срывающихся капель?
Кому и зачем может понадобиться колокольчик
(вариант: зеркало заднего вида) в окне последнего этажа?
Что здесь делают люди из твоего прошлого?
На чей счет принимать их легкие улыбки?
Кто в твое отсутствие позаботится,
чтобы баночки на кухне были полны: чай, кофе, сахар?
Что еще? В своей объяснительной
дать краткие ответы в удобной форме.

FROM THE CYCLE "COLLEAGUES"

to S. T.

Peculiar things are at times fastened
to window frames on façades of buildings,
alright, a birdfeeder, or a rearview mirror,
two even, a basket or, imagine,
a rusty little bell—on a fourth-floor window.
I believe there's an explantion for everything
and so, literally by a few gestures, I managed to establish
that our pal here came to us from Pärnu,
whereas that girl, for example, emerged whole from a newspaper
and from now on will sit behind a cash register,
and all just because it has fewer keys…
Is it worth pretending to be a simple passer-by any longer?
How long can you squint at rooftops,
and flinch at stray droplets?
Who needs the little bell and for what purpose
(variation: the rearview mirror) on a fourth-floor window?
What are people from your past doing here?
Their slight smiles are at whose expense?
Who will make sure in your absence
that jars in the kitchen are full: tea, coffee, sugar?
What else? In your explanatory note
give short answers in simple form.

[KP]

* * *

Когда ветер всю ночь перебирает жесть,
а радио, смакуя, переходит на цифры,
просит оставаться на волне, не выходить из дома,
думаешь, вот ведь запали в какую-то складку:
ткань, может, просто скомкалась, а мы тут уже расположились,
расставили свои шаткие стулья, завели какой-никакой порядок,
привычку ходить куда-то по субботам.
А если решат разгладить? Пройдут утюгом, вытряхнут мелочь…
Оборвет провода… Зашьют, наконец, подкладку.

* * *

When all night the wind fondles tin
while the radio crackles until it pops
then locks a wavelength, never leaving home
& you think, look how we've dropped into a fold
the fabric so crumpled, we've settled in
set up wobbly chairs, created a sort of order
as every Saturday: out on the town.
And what if it's decided to take an iron to it? shake what's loose
cut the lines… mend a lining.

[CB, MY]

ГАСТАРБАЙТЕРЫ

Если допустить, что в этом городе мы оказались впервые,
что нас здесь еще не признают за своих, и даже двери
на фотоэлементах не всегда срабатывают при нашем приближении.
Если вспомнить, как совсем недавно, одетые морячками,
потрепанные как чертовы (забытые дома) записные книжки,
мы ступили на предусмотрительный трап, чтобы, не смотря
на косые взгляды (вздохнувших с облегчением) попутчиков,
впервые покинуть самолет, а потом долго не могли найти нужные
    адреса…
Если вспомнить, нас здесь никто не встречал, и даже диспетчер
(или кто это говорит на весь аэропорт), объявила наш рейс, едва
сдерживая смех, как будто ее (тем временем) щекотали все
    мойщики окон…

Если рассказать, как потом наугад приближались мы к центру,
стараясь не привлекать внимания, пряча в сумках трафареты
(таковой, как мы считали, был тогда у каждого приличного
    человека),
а в отношении вашего города мы носили определенные планы…
Как продвигались мы вдоль стен, пряча в сумках все те
    же трафареты,
передавая эстафетные баллончики… теряя на ходу (бесчисленные)
мелкие детали любимого детского конструктора…
Как подпрыгивали днем за спинами фотографирующихся
    туристов,
чтобы попасть на их снимки (попасть на фотографии), которых мы
никогда не увидим — и таких фотографий теперь уже существует
    немало.

Если вспомнить, как искренне мы были убеждены, что сможем
    заработать,
став на несколько часов в день, огромными зайцами на детских

GASTARBEITERS

Let's suppose that was our first appearance in this city,
that no one accepts us here, that even doors
with photosensors don't always open when we come near.
If we recall how, just a while back, dressed like little sailors,
battered like goddamned (forgotten at home) notebooks,
we stepped out on the welcoming gangway, so that, in spite of
sideways glances (and sighs of relief) from fellow travelers, we could
deplane for the first time, but then searched forever for the right
    addresses...
If we recall how no one met us here, and even the dispatcher (or
    whoever it is
who makes announcements to the whole airport), read out our flight
    with barely
restrained laughter, as though she were being tickled (just then) by all
    the window washers...

And if we recount how we found our way into the center by guesswork,
trying not to attract attention, concealing in our bags stencils
(the kind every decent person has, we thought),
and having certain plans in relation to your city...
How we moved along walls, concealing those same stencils in our bags,
passing relay-baton spray cans... losing along the way (countless)
tiny parts from our favorite childhood erector set...
How in the afternoon we jumped up and down behind posing tourists,
so that we'd show up in their snapshots (show up in photographs) that we
would never see—there are already quite a few photos like that around.

If we recall how sincerely we were convinced we could make a living
becoming enormous bunnies a few hours a day at kids' parties
or (similarly enormous) foam-rubber hot dogs in squares by train
    stations.

Artur Punte

праздниках
или (столь же большими) паралоновыми хот-догами на
   привокзальной площади.
А, по рассказам, кто-то из наших уже давал здесь уроки
   православной аэробики…
И хотя (по истечении положенного срока) мы так и не научились
   отличать
ваши нули от букв "О", а двери на фотоэлементах за всю историю
   вопроса…
в общем (как уже говорилось), открывались неохотно, мы все же
надеялись еще как-то зацепиться и уважали себя от того не
   меньше…

Достаточно вспомнить, как встречались мы с людьми,
которые могли быть полезны и все устроить, но там было
так громко, что мы могли лишь снова и снова здороваться с ними,
сдвигая длинные горлышки светлого пива (улыбаясь опять и опять),
и как-то без слов стало ясно, что конкретных предложений,
(по крайней мере, пока) у них для нас нет. Тем не менее, все
   надеются,
что мы хорошо проведем время… И, знаешь, запомнилось, как ты
   вдруг сказал:

"Нет проблем! Спешка не в нашем стиле. Найдете нас позже
на городском пляже, куда (в сопровождении стюардесс и писем из
   дома)
мы отправляемся, чтобы запустить на прощанье воздушного змея…
Двигайтесь на ориентир — оранжевый кот в синем небе. А если кто
   нуждается
больше нашего, мы еще можем собрать по карманам пару сотен —
   вернете потом,
когда будет такая возможность. Все равно, здешние монетки (по
   возвращении)
сгодятся нам разве для закручивания небольшого размера

And, they say, one of our people has been giving orthodox aerobics
    classes here…
And though (at the term's end) we still couldn't distinguish
Between your zero and letter "o," and doors with photosensors continued
in general (as stated before), to open unwillingly, all the same we hoped
    somehow
to get some kind of foothold here, and even so we lost no self-respect…

It's enough to recall how we would get together with people
who might be some help and could set everything up, but it was
so loud that we could only exchange greetings over and over,
clinking long-necked bottles of pale beer (smiling and smiling again),
and somehow without saying anything it was clear they had no real
    proposals
for us (at least for now). But all the same, everyone hopes
we'll have a pleasant stay… And you know, I remember how you
suddenly said:

"No problem! We don't rush—that's not our style. Find us later
on the city beach (with stewardesses and letters from home)
Where we're going to fly a farewell kite…
Find us by the landmark—orange cat in blue sky. And if anyone needs
    it more
than we do, we can probably scrape together a couple hundred—you'll
    return it later,
when you can. All the same, local coins (once we return)
won't be good for much apart from screwing in small bolts."

[KP]

винтиков".
* * *

Как-то полюбила меня девушка с улицы Джохара Дудаева
я ее избегал много работал и всегда мог сослаться на занятость

потом я все-таки пригляделся к девушке с улицы Джохара
    Дудаева
мы поладили и я много работал вдохновленный нашей любовью

но долго так продолжаться не могло бросил я девушку с улицы
    Джохара Дудаева
стал много работать чтобы она больше не докучала мне своей
    любовью

нет думаю нехорошо это надо вернуть девушку с улицы Джохара
    Дудаева
но она уже нашла другого пришлось много работать чтобы как-то
    забыть ее

теперь вроде собираются переименовать эту улицу и тогда наверное
все встанет на свои места и можно будет спокойно заняться
    своими делами.

* * *

It happened that a girl from Dzhokhar Dudaev Street took a liking to me
I avoided her worked a lot and was always saying I was busy

later I took a closer look at the girl from Dzhokhar Dudaev Street
we became close and I worked a lot inspired by our love

but it wasn't meant to last and I dumped the girl from Dzhokhar
    Dudaev Street
and began working a lot so she wouldn't get on my nerves with her love

no I think it's no good I've got to get that girl from Dzhokhar Dudaev
    Street back
but she'd already found someone else and I had to work a lot to try to
    forget her

now apparently they're going to rename the street and then probably
everything will settle in place and I'll be able to take care of business in
    peace.

[KP]

* * *

Она хорошо подготовилась:
рассталась со своим парнем
ушла с работы
сдала взятую в кредит квартиру
продала машину
раздала подругам вещи
и карточки скидок
перегнала всю музыку в mp3
удалила профиль и старые письма
купила новый лаптоп
навестила бабушку и теток
научила маму писать SMS
помирилась с младшей сестрой
перестала есть мясо, читать новости
вернула наконец в библиотеку ноты
подписалась на несколько дельных рассылок.
Надписью "Берлин" остановила фуру
и за всю Польшу не произнесла ни слова…
И теперь, несколько съемных квартир спустя
засыпая одна в комнате со стенами
выкрашенными прошлыми жильцами в белый
она вглядывается в темный воздух, где
отчетливо ощущается чье-то незримое присутствие
она прислушивается к себе — вот бы знать наверняка
что теперь это с ней по-настоящему,
все уже так, как надо.

* * *

She prepared well:
broke up with her boyfriend
quit her job
rented out the apartment she bought with loans
sold her car
gave her girlfriends all her stuff
and her discount cards
transferred all her music to mp3s
deleted her profile and her old mail
bought a new laptop
visited her grandmother and aunts
taught her mother how to text
made peace with her younger sister
stopped eating meat, reading the news
finally returned her sheet music to the library
signed up for some useful listservs.
Waved down a truck with her "Berlin" sign
and didn't say a single word through all of Poland…
And now, several rented apartments later
falling asleep alone in a room with walls
painted white by the previous tenants
she peers into the dark air, where
someone's invisible presence can be clearly felt
she listens to herself—if only she could know for sure
that now this is really it,
now everything is how it should be.

[MW, KP]

* * *

Ты мне такой записала диск
Слушаешь его как будто читаешь письмо
Первой дорожкой что-то заигранное
Вроде приветствия
Зато потом сразу — неожиданный кавер
Знакомый голос старого актера
Картавым речетативом пересказывает
на одном из славянских языков
историю чернокожей певицы
О том что нет в мире такого одиночества
Которое могло бы сравниться
С одиночеством женщины
Запракидывающей голову на подушки
О том как всю жизнь тянутся к ее темной груди
то ребенок то мужчина то снова ребенок…
И до этого места я еще понимаю, о чем ты
Потом идет несколько песен
которых я раньше не слышал ни в одном исполнении
из них запомнился легкомысленный голосок
мол не надо было тебе так поступать девочка
не стоило отменять своих дел
оставлять дома велосипед
садиться с ним в одно такси
теперь вот все на смарку все твои
утренние пробежки, чтение и психолог
Дальше в твоем письме минута тишины
И это уже можно понимать по-разному
Но мое молчание каждый раз неожиданно
прерывает баллада про такую любовь,
которая может простить, даже босоножки,
надетые на носки, даже привычку свистеть,

* * *

That was quite a CD you burned me
Listening to it feels like reading a letter
For the first track: a well-worn classic
Sort of a greeting
But then immediately—a startling cover
Familiar voice of an old actor
Recounts as a lisping recitative
in some Slavic language or other
the story of a black singer
About how there's no loneliness in the world
That can be compared
To a woman's loneliness
As she throws her head down on a pillow
About how all her life first a child is reaching
for her dark breast, then a man, then again a child…
And up to that spot I still understand what you mean
Then there's a few songs
that I've never heard before in any version
from which I remember a frivolous voice
saying you shouldn't have done that girl
you shouldn't have changed your plans
left your bicycle at home
got into a cab alone with him
now it's down the drain with all of your
morning runs, reading, and your psychologist
After that there's a minute of quiet in your letter
And this can be understood in various ways
But my silence is suddenly interrupted each time
by a ballad about a love
that can forgive even socks
with sandles, even habitual whistling,

опаздывать, напиваться и изменять, даже предложение
сделать аборт, но только не грамматические ошибки,
а если он еще раз скажет "экспрессо"
то между ними вообще все кончено точно…
Тут уже всякая серьезность у тебя окончательно пропадает
Ближе к концу диск поцарапан и заедает
Поэтому обычно я проматываю реггей
О том, что нам уже никогда не жить как живут звери
со свалявшимся мехом и без какого-либо имущества
И что целый год не врать иногда проще
чем просто бросить курить да и стоит ли…
В самом конце как-то не кстати дописана
скороговорка хвастливого паренька
неутомимая перечисляющего с индийским акцентом
сколько девушек из-за него проспали на работу
а одна даже в департамент самоуправления
Потом диск возвращается в начало
Что ж, я еще раз попытаюсь понять,
что ты мне всем этим хотела сообщить.

lateness, drinking and cheating, even proposing
an abortion, anything but grammatical errors,
and if he says "expresso" one more time
then it's over between them for sure…
At this point you completely lose all seriousness
Closer to the end the CD is scratched and skips
So I usually skip past the reggae
About how we'll never again live like beasts
with matted fur and no belongings at all
And that it's easier to simply quit smoking than
lie for a whole year and worth it too…
At the end, a little out of place, a recording of
a braggart's tongue-twister
tirelessly recounting with an Indian accent how many
girls overslept and were late for work because of him,
one of them even in the local governance department
Then the disc starts over at the beginning
Okay, I'll try one more time to figure out
what you wanted to tell me with all this stuff.

[KP]

* * *

Поезд растягивается вдоль горизонта
Дома выстраиваются в линию улицы
Время кружит по циферблату
Лифт пронизывает этажи домой
Батареи держат огонь первого костра
Волны вечно баюкают берег вдоль
Дорога все наматывает километры на ось
Осень возвращается, как старое чувство
Ты совсем не изменилась за эти годы
И только происходящее с нами утекает куда-то вниз, впитываясь в забытие, где уже никто не станет искать какие-то старые сообщения в чужой ленте новостей

* * *

The train extends across the horizon
Buildings assemble along the line of the street
Time circles the dial
The elevator pierces through floors towards home
Radiators retain the flame of the first fire
Waves eternally lull the shore across
The road winds kilometers onto an axis
Autumn returns like an old feeling
You haven't changed at all over these years
And whatever happens to us just drains down somewhere below,
    seeping into an oblivion where no one ever hunts for some old
    messages in someone else's newsfeed.

[KP]

СЕМЁН ХАНИН

SEMYON KHANIN

* * *

пальме памятник
в полный рост из пластмассы
и кактуса бюст

за остовом стойки
статуя бармена с шейкером

на постаменте скелет табуретки

заведение всплыло со дна
лишь недавно

не помпеи конечно
не санторин и не байя
не дворец хотя бы культуры вэф

но все же остаток
загадочной цивилизации официанток

отсюда и чучела кукол
мумии с проколотыми пупками

пять-шесть синеватых археологов
проводят раскопки

в руках черепки стаканов и рюмок
с морским осадком

обратите внимание
отлично сохранившаяся
пепельница со следами древнего культа

* * *

monument to a palm tree
full scale, made of plastic
and the bust of a cactus

behind the remains of a bar
sculpture of bartender with shaker

on a pedestal, a stool's skeleton

the establishment emerged from the depths
only recently

of course it's no pompeii
no thera, no baiae
no palace or even electric factory culture palace

all the same the ruins
of a mysterious waitress civilization

so this is where those diorama dolls are from
those mummies with pierced navels

five or six blue-skinned archeologists
carry out excavations

sherds of highballs and shot glasses in their hands
with salty marine deposits

note
the well-preserved
ashtray with traces of an ancient cult

письменные источники
счет на папирусе и меню

официальные власти
муниципалитет
рассматривают предложение
законсервировать весь комплекс
как мемориал
жертвам кофе и алкоголя
монумент инъекции
стелу ломке

written texts
bill on papyrus and menu

official authorities
the municipality
is considering a proposal
to preserve the entire complex
as a memorial
to victims of coffee and alcohol
a monument to injection
a stele to the shakes

[KP]

* * *

еще какие-то поползут по мурашкам
не обрезки волос после стрижки
под холодным ежиком собравшиеся за шкирку
займемся — молчит — массажиком
в горле першит простуженный ершик
разогрейте пожалуйста — молчит — но не страшно
и глядит исподлобья
от удовольствия так следят за тобой глазами
только металл с привкусом твоих губ
только камень

* * *

there they go crawling over goosebumps
not the shed hairs after the cut
caught under cold crew cut by the scruff
time for your, unsaid, massage, honey
scratchy throat, bristles, chills
warm it up, please, unsaid, not too hot
watches furtively
dig it eyed that way
only metal tasting of your lips
only stone

[CB, MY, EO]

* * *

клей неудачный
и слегка изменен цвет глаз цвет волос рост
сильно не раскрывать
на границе делать честное лицо
и улыбаться
чтобы швы были не так видны
зато шикарное имя и фамилия
и подозрительно юный возраст
а водяные знаки такие
что можно вообще не дергаться
если кто-то не отрываясь смотрит тебе в лицо

* * *

glue's not quite right
and the eye color hair color height are slightly off
go easy opening it
at the border try to look honest
and smile
so the seams'll be less obvious
on the other hand the first and last name are magnifico
and the age suspiciously young
while the watermarks are so fine
that there's totally no reason to flinch
if someone looks long and hard at your face

[KP]

* * *

кому сдать квартиру, чтобы человек
надежный был и не загадил всё
и чтобы ещё платил исправно
притом что, да, краны слегка текут
и плитки постоянно падают прямо в ванну
квартирка вообще небольшая, хотя
и в центре, и много ненужной мебели, и тараканы
а главное, когда сдашь, где самому жить-то?

* * *

who can you rent out the apartment to, someone
responsible, who won't mess everything up
and also who'll always pay on time
even when sure the faucets leak a bit
and the tiles are constantly falling right into the bathtub
it's a tiny apartment, although
in the center, and there's a lot of useless furniture, and roaches
but the main thing: if you rent it out, where do you live?

[KP]

* * *

выписали мне капли, принимать раз в неделю по капле
вывели из больницы под руки, посадили в коляску
сняли с меня халат, сняли с глаз повязку
вынули кляп изо рта, из ушей паклю
что ли мало до этого на мозги мне капали
сколько раз живьем закопали, мертвым выкапывали
дали шоколаду, сказали неправду и плохо пахли
здоров говорят, а ведь что-то со мной не так, не так ли?

* * *

they prescribed me drops, to be taken one drop per week
walked me out of the clinic, sat me in a wheelchair
removed my robe, took the bandages off my eyes
pulled the gag out of my mouth, the wadding from my ears
haven't they had their fill of hounding me
how many times have they buried me alive and dug me up, a corpse
they gave me chocolates, told me lies, and smelled nastily
I'm well, they say, but I'm not so right, you see?

[KP]

* * *

как ты мне это передала, как привила
море замёрзшее во время прилива
снег посыпанный солью песком
словно мёртвый лежал — притворялся
всё менялось, менялось не в том порядке

за окном погасили свет, дёрнулся лифт
четверо нас медленно вниз внутри
жарко наверно слабо горит табло
кляксой переводной расплылось пятно
рядом и параллельно мусоропровод идёт

* * *

somehow you transferred it to me, grafting
a sea frozen at time of tidal drifting
snow sprinkled with salt sand
lay lifeless—playing dead
everything shifted, shifted out of order

outside they turned lights off, the elevator jerked
the four of us slowly downwards inside
sweltering likely the display was dim
like a stain in transit the inkblot sprawled
trash shoot runs in parallel alongside

[AT, KP]

* * *

прожигатели жизни едят пирожные
такое, с воздушным кремом
такое, с орехами и взбитыми сливками
и еще такое, с вишнями что ли и марципаном
да они все перемазались! — да, это прожженные ребята

иуды целуются в подворотнях по двое
и в подъездах по трое
что выделывают, а, полюбуйтесь
будто потеряли что и теперь ищут
специальными инструментами

ни на что уже не похоже

* * *

those high rollers eat pastries
the kind with airy custard
the kind with nuts and whipped cream
and also the kind with cherries or something and marzipan
now it's smeared all over them!—that's high on the hog for sure

those Judases are kissing in pairs under archways
and in threesomes in entryhalls
they're pulling stunts, hey just look at them
like they've lost something and are searching for it
with special equipment

they're out of bounds

[KP, KS]

* * *

она загадала слово из восьми букв
четвертая — ц, седьмая — у

как отгадаешь когда
каждое слово
как имя ее твержу

в голове одно —
твое сердце в вырезе платья

ну что же
будешь наказан
сначала заминируют оцепят
придут с собаками обнюхают оближут
думай давай скорее четвертая — ц
седьмая — у

оставят глазок забитый ресницами
ждать когда же размаринуют

что за дела ведь только-только выше стал
наконец-то вижу неплохо
а тут это слово
слово из восьми букв

даже если отпустят, что еще вопрос
даром тебе это не пройдет
будешь собаку возить на тележке
просыпаться с биноклем в руках
в спешке спиленные звонки будут тебе твердить
что у неба луна нагноилась

* * *

she thought of an eight-letter word
the fourth letter—a 'c', the seventh—an 'e'

how can I guess it when
every word
sounds like her name

I can only think of one thing—
your heart in the V of your neckline

so you know
there will be punishment
first they will seal you off and booby-trap you
they will come with dogs and smell and lick you
think fast now the fourth one—a 'c'
the seventh—an 'e'

they will leave the lash-clogged eyelet
waiting to get out of this pickle

what the heck I was just getting taller
finally I could see reasonably well
and now this
this eight letter word

even if they let you go, and that's a big if
you will not get away with it
you will wheel a dog in a cart
you will wake up with binoculars in your hands
hastily chopped off calls will insist
that the sky has muck in its moon

[AT]

* * *

ну не скажи, все-таки что-то в этом есть
хотя что-то в этом роде уже было
и конечно не так чтобы совсем нет слов
но в то же время похоже и довольно сильно
и чувствуется что за этим что-то стоит
а не так просто — и не говори

* * *

you can say what you want, but there's something to it
though there's been stuff like this before
and of course it's not like we're totally speechless
but still it does seem like even quite a lot
and it feels like there's something going on there
it's not just what it is—you can say that again

[MY]

* * *

Здесь кто-то меня укусил или я обжегся
Здесь я упал с качелей
Затянулось, но иногда чешется
Нет, не здесь, немного повыше
Там какая-то сыпь
Может быть аллергия
Здесь вот напился подрался
Это аппендицит
Тут я не помню что
Лучше не трогай

* * *

This is where I got bit or burnt
This is from falling off the swings
It closed up, but still itches sometimes
No, not there, a little higher
That's some kind of rash
Maybe an allergy
This is from drinking, a fight
That's from my appendix
And that's I don't remember what
No no, don't touch

[KP]

* * *

Я девять лет уже не умножал
Ни в столбик ни в уме ни в строчку
И для меня простейшая фигура
Уже не треугольник и квадрат
А — горничной. Бесчисленные формы
Мутят мне ум и в длинных повестях
На сон грядущий смерти жду напрасно
Героев главных высохших страниц

* * *

I haven't multiplied for nine years
Not the long way, not in my head, not by grid
And for me, the simplest figure
Is no longer triangle or square
But of a maid. Countless forms
Confuse my mind and in long stories
Before sleep and dreams I wait in vain for death
To take the protagonists of dessicated pages

[KP]

* * *

в какой бы роли тебе ни сняться
в фильмах которые ночью снятся
в беспрерывном ужаснике тире порнушке
когда она убегает в одной ночнушке
по темному саду, а у тебя восемь глаз
и ты весь скользкий
весь сплошные придатки, отростки, присоски
и вот уже чем-то ее под сиренью нашел…
не переживай, всё кончится хорошо

* * *

in whatever role you're cast
in the films you dream at night
in that endless horror dash porno flick
where she's running away in just a nightie
through the dark garden, and you have eight eyes
and you're all slimy
all nothing but tentacles, growths, suckers
and now you've grabbed her with your something under the lilac…
relax, it'll turn out fine in the end

[KP]

* * *

сидя на груди переполненного фибрового чемодана
судорожно зажимая ему защелку
наваливаясь всем телом, чтобы он наконец закрылся
недоумевая чего же еще ему надо
из содержимого выброшенного заранее
чтобы он перестал прищемлять пальцы
когда заправляешь выбившуюся из щели челку
блузку, мятую шелковую сорочку
все дальше уезжающую по чулку стрелку
рубашку, зашитую толстой ниткой
аккуратно подклеенную двойную подкладку
все сильнее оттягиваешь замка колечко
чтобы отошла язычка металлическая колючка
щелкнет? не щелкнет?

* * *

sitting on an overstuffed cardboard suitcase's ribs
spastically fastening latch
sprawling full body to finally close it
uncomprehending what more can it ask
of already discarded contents
to avoid pinched fingers
when trying to tuck in that fringe
blouse, rumpled silk nightgown
still growing stocking run
shirt, mended with coarse thread
carefully applied double lining
pull harder on the lock's ring
to dislodge metal latch tongue
and snap shut? or not?

[KP]

* * *

зачем я так кричал, что я электрик
ведь не электрик я

что на меня нашло

показывал руками на розетки
и льнул к щитку, и счетчик обнимал

никто не верит

вот справки, видите, вот документы
из всех карманов провода торчат

молчат и смотрят

да в пять минут замкну любые клеммы
не остановишь как начну паять

что вы за люди

качают головой с сомненьем
ты нам не нужен, говорят

нам бы электрика

* * *

why did I keep yelling I'm an electrician
I'm no electrician

what came over me

I gestured at outlets
cozied up to the circuit box, held the meter close

no one is buying it

here's my license, look, my certificate
wires sticking out of all my pockets

they just look at me in silence

give me five minutes and I'll close any circuit
I'll get soldering you won't be able to stop me

what kind of people are you

they shake their heads doubtfully
we can't use you, they say

we need an electrician

[KP, JB, KS]

* * *

поговори со мной по-испански, кроха, полопочи по-эстонски, птаха
что с того, что понимаю тебя плохо, все же лучше, чем если б ты
    стала плакать

помнишь, как только что спали с тобою с иголкой в постели
с утра все исколотые вставали и с чайником вместе свистели

музыка может так громко играла, что не слышно кто в двери
    стучится
видишь сама вот-вот со мною что-то должно случиться

сколько могу над тобой смеяться, а ты до чего все равно смешная
боже, ну что же ты так неуклюже как медвежонок меня обнимаешь

если что, я вышел и больше не возвращался
а если все еще здесь я
    так бы прощался с тобой и прощался

* * *

talk Spanish to me, little one, babble in Estonian, sweet pea
so what if I don't understand much, it's better than you crying at least

remember how we've just slept together with a needle
in the bed, woke up all in pinpricks and whistled with the kettle

the music maybe playing so loud, you can't hear who's knocking on the
    door
you can see for yourself something's gonna happen with me

no matter how much I laugh at you, how can you still be so funny there
god you are so clumsy hugging me like some kind of teddy bear

if anyone asks, I stepped out and haven't come by
again and if I'm still here I
could be stuck in goodbyes, our goodbyes

[KP]

* * *

не будет праздников ни завтра, ни сегодня
мы улетим в москву и не вернемся
мы прилетим обратно только утром
откинем одеяло и уснем

опять не будет света во всем доме
и фонарей не будет в целом свете
стройнее тех, что бродят вдоль канала
когда проснемся мы

* * *

there will be no days off, not today or tomorrow
we'll fly off to moscow and won't come back
we'll only fly back in the morning
throw off the blanket and fall asleep

the light will be out in the whole building again
and there'll be no streetlights in the entire world
more lovely than those that wander along the canal
when we wake up

[KP]

* * *

когда уже миновал автосервис
а мимо прошел караван фур
обдавая выхлопными газами
и хлопаньем обшивки
когда далеко позади остался
и кегельбан, и аптека с рекламой афродизиаков
и ларек со снежной ватой
и остановка
когда уже перешел на другую сторону

тогда только, не оборачиваясь и не вынимая руки из карманов
можешь немного замедлить шаг
и двигаться дальше

* * *

when you've passed the service station
and the fleet of trucks has gone by
trailing exhaust
and tarpaulins flapping
when you've left far behind
both bowling alley and drugstore with ad for aphrodisiacs
and the kiosk with the cotton candy
and the bus stop
when you've already crossed over to the other side

only then, not turning back and keeping hands in pockets
can you slow your step a little
and move ahead

[KP]

* * *

знаешь как ведет себя пуля в воде
она не плывет, она продолжает лететь
почему спрашивается руки дрожат
а голова трясется
рассказать — не поверишь
встроенный в меня акваланг
дал течь
кто ему приказал
дай течь
по чьему наущению
теперь
пропускает и воду и воздух
учащенно дышит
жидкое тело болтается в твердом и в мягком
нырнул — наглотался волос
в горле комком свалялся вчерашний ворс
в жабрах песок
руку засунул — поранил
вмонтированный миноискатель дает отбой
тянет прилечь

* * *

you know how a bullet acts in water
it doesn't swim, it goes on flying
why, one asks, do hands shake
but the head shivers
you wouldn't believe me if I told you
the aqualung installed in me
has sprung a leak
who ordered it
spring a leak
at whose prompting
now
it lets through both water and air
breathes more rapidly
liquid body dangles in hard substance and soft
dove in—swallowed a bunch of hair
yesterday's shag matted-up clog in throat
sand in gills
stuck my hand in—got a cut
embedded mine-sweeper is out of order
gotta lie down

[KP]

* * *

когда в скафандре из очень чувствительной кожи
в состоянии полной невесомости
неподвижно лежишь на диване
и внутри всё запотевает от твоего дыхания
закрываешь глаза и слышишь как поют
за рекой, за оврагом, за лесом
будто поржавевшие диванные пружины
и ждёшь только одного: чтобы вместе
с короткой глубокой затяжкой в легкие
вошла почти забытая сила тяжести

* * *

when in a spacesuit of highly sensitive skin
in state of zero gravity
you lie motionless on the sofa
and everything within fogs up with your breathing
you shut your eyes you hear them singing
beyond the river, the gully, the forest
something like rusty sofa springs
and you wait for that thing:
that accompanied by an abrupt deep drag
the all-but-forgotten force of gravity enter your lungs

[EO]

* * *

Всю ночь меня искали. В подворотнях
На улицах выкрикивали имя
В полицию звонили и в больницы
Быть может я без памяти лежал
В каком-нибудь притоне или баре…
Все без толку. Но если доберутся
В бессонных поисках до этой душной спальни
Тогда я окончательно пропал

* * *

They looked for me all night. In back alleys
Shouted my name in streets
Called the police and hospitals
Could be I was lying unconscious
In some speakeasy or dive…
Without success. But if they make it
In their sleepless search to this stifling bedroom
Then I'm really lost

[KP]

* * *

спекулировать любовью и смертью

смертью в розницу, в зеленой серийной упаковке
любовью большими партиями (это ничего что подмокло)

образец товара:

ты умрешь не как клоун подскользнувшийся на банановой
    кожуре
под смех друзей

а от обострения собственного занудства
среди малознакомых знакомых

и им, и тебе будет только тоскливо и не по себе
в этой истории

узнаешь кого-нибудь
среди немногих без видимого воодушевления идущих за гробом?

но в могиле тебе будет в самый раз

придуманную в юности эпитафию съест по ошибке
компьютерный червь

    (он умер, чтобы я
    могла прочесть на камне:
    "жить, милые друзья,
    не хочется пока мне"?)

* * *

speculating in love and death

death sold retail, in green standard-issue packaging
love wholesale (that water damage is no big deal)

sample product:

you don't die like a clown, slipping on a banana peel
while your friends are laughing

but instead, from a flare-up of the internal whining
among acquaintances you're barely acquainted with

it'll be just dreary and awkward both for you and them
in this affair

will you recognize anyone
among the few trailing the coffin with an obvious lack of enthusiasm?

yet in the grave everything will be just right

the epitaph you wrote in youth will be accidentally eaten away
by a computer worm

> (did he live and then die
> so she'd read on this tile:
> "on life, my dear friends,
> I must pass for a while.")

[KP]

* * *

нащупывая губами горлышко
пить записки из брошенных в море бутылок
проборматывая темноватые местами каракули
гортанно-кудрявое бульканье пузырьков

артикулируя тщательно в формулах вежливости
скомканные начала

захлебываясь диким смехом
вникать в подробности катастрофы

корабль утонул
и солнце сморщилось
и море опрокинувшись разлилось
и мы тут
мы тут
тут

мы, ваши суррогатные братья и сестры
по разуму, конечно, по чему же еще
хоть бы заемному, хоть бы и внеземному
есть ли разница в этой стадии амнезии
вкусившим от неземного блаженства

мы, те самые, желеобразные небожители
затерянные в железобетонных необитаемых джунглях
стоим в три погибели как еще неоткрытые лжеорангутанги
на невозделанном побережье вожделенного шампанзее
ждем сигнала и умираем от жажды

* * *

lips groping for the mouths
of bottles cast into the sea
groping to drink their messages
mumbling through scribbles, obscure in places,
the guttural, whorled gurgle of bubbles

painstakingly articulating in polite formulas
    the crumpled beginnings

choking on wild laughter
to penetrate the details of the catastrophe

the ship sank
and the sun shrivelled up
and the capsized sea spilled out
and we're here
we're here
here

we, your surrogate brothers and sisters
related by reason, naturally—how else—
extraneous reason maybe, extraterrestrial maybe
does it make any difference at this degree of amnesia
for those who have tasted unearthly bliss

we, the very same gelatinous heavenly creatures
lost in the uninhabited reinforced concrete jungles
standing deathly contorted like undiscovered pseudorangutans
on the uncultivated coast of a longed-for Champansee
we're waiting for the signal and dying of thirst

тут поплыли чернила
и сквозь розовые, синеватые линзы медуз
мелькнули обмылки плоских невыразительных лиц

here the ink became blurred
and through pink and blue jellyfish lenses
were seen the washed-out remains of flat impassive faces

[KP, JB, MV]

* * *

со дна приходящий в одностороннем порядке спам
да и с чего бы это я вдруг стал слать вам письма
дорогие долгие черные рекламные паузы —
товары из космоса: пустота, расстояния, невесомость, пыль
усовершенствованная пустота, расстояния нового поколения

хотя когда за спиной остается одна световая ночь
прижимаясь щекой к корпусу дрожащей перед взлетом ракеты
уже почти нецензурное имя бывшей подружки
нацарапает гвоздем, чтобы корабль носил это имя
хаотично мечась в поджавшемся в притворном ужасе космосе

пока не сгорит в плотных слоях атмосферы
как расческа с застрявшими в ней волосами

* * *

spam arriving unilaterally from the depths
and just why would I go and send you my response:
dear long black commercial breaks—
goods from outer space: emptiness, distances, weightlessness, dust
new and improved emptiness, the next generation of distance

but when a light night is all that remains behind,
pressing a cheek to the body of a rocket vibrating before liftoff
taking a nail, he'll inscribe his ex-girlfriend's name
now almost an obscenity, so that the spaceship will bear it away
chaotically pitching through outer space that stiffens in feigned
    horror

until it burns up in thick layers of atmosphere
like a comb with hairs caught in it

[KP, JB]

* * *

какие-то девы, скрывавшие девство свое — стюардессы?
    медсестры?
склонившись над ним, над раненым ветераном
шептали: ты ранен, мы кровь твою утираем
и они так бы и продолжали его вытирать
если бы он не воспротивился этому самым противоестественным
    образом
он умер — у них под руками
и они вытирали уже не его
а только лишь его плоть
своими пестрыми никому не нужными больше платьями,
    бесполезными отныне шелковыми платками

(тайком они любовались его противоестественным образом)

(не удивлюсь, кстати, если окажется, что он был болгарин
вроде рудина или накануне)

* * *

some virgins concealing
their virginity—nurses? flight attendants, stewardesses?—
leaned over him, over the wounded veteran
whispering:
you are wounded, we wipe off your
blood
and they would have
continued
wiping it if he hadn't resisted
in a most unnatural way
he died—in their care
and they were not wiping him anymore
but only his flesh
with their flashy useless dresses,
with their shawls unnecessary from that moment on

(sneakily
they savoured his image, unnatural)

(I wouldn't be surprised if he turned out to be
bulgarian like that
turgenev hero)

[SD, MW, PB]

* * *

непроверенные данные, добытые под давлением
как они фигурировали в этом деле
контролировал, дескать, торговлю оптом белыми рабынями
большими, сказано в протоколе, белыми рыбинами
пересаживал на время свои неуправляемые органы
малолетним преступницам

их повязали первыми
взяли как целую преступную группировку
но органы молчали, сами как придонные рыбы
прикидывались шлангом
а потерпевшие, преданные малышки
заговаривали зубы лицам, производившим дознание

им предъявили тщательно сфабрикованные доказательства
мой сдавленный в вакуумной упаковке смех
набор опасно особых примет, палёные обмылки сердец
куски обоев с узором из отпечатков пальцев
взятое напрокат у прокурорской дочери
штопаное розовое боди

есть сведения, что и солнцу пора садиться
а светит где-то от семи до двенадцати
подсудимый, сядьте, заключённый, встаньте
руки
проследуйте
в застенчиво ждущую одиночку

* * *

unchecked data, obtained under pressure
how did they figure in this affair
he oversaw—allegedly—the wholesale trafficking in white flesh
or as it was said in the protocol, in large white fish
temporarily transplanted his involuntary organs
to underage criminal-girls

they tied them up first
arrested them as a whole criminal gang
but the organs were silent, like bottom feeders
they were like, hey, wasn't me
while the injured parties, devoted kids
danced around the inquiring authorities

they showed them carefully fabricated proofs
my laughter vacuum-packed
a selection of dangerously special indicators, falsified pieces of the
    heart's soap
pieces of wallpaper with fingerprint patterns
a pink negligee with the holes darned
rented from the prosecutor's daughter

rumor is, even the sun's had it
periods of cloud from seven to twelve
sit down a defendant, stand up a prisoner
hands up
proceed to
the solitary that's timidly waiting

[MW, PB, SD]

* * *

не подумай, что это бездомный
просто он потерял ключи
и четвертый месяц ночует на ступеньках
мебельного магазина

кажется ему не очень удобно
в такой скрюченной позе
а на самом деле он акробат
и так ему намного сподручней дремать

с чего ты взяла, что он умер
подумаешь, не дышит
чего еще ждать от продвинутых йогов
умеющих задерживать дыхание на многие годы,

ну, точнее, почти навсегда

* * *

do not think he is homeless
he simply lost his keys
and for the past four months he's been sleeping
in front of a furniture store

you might think he's uncomfortable
all doubled up like that
in fact he's an acrobat
and finds this posture handy for dozing

what makes you think he's dead
so what if he isn't breathing
what else do you expect from yoga masters
who can hold their breath for years at a time,

almost forever, to be exact

[AT, SS, DC]

* * *

говорю вам, едва вы успеете прошептать
новое слово в науке любви
как попадете под машину времени
подвозящую прошлогодний снег

влачите же сюда, пока не поздно
свое жалкое существование
спешите завещать свои искусственные сердца
центрам современного искусства

* * *

I tell you, you won't manage to whisper
a new word in the science of love
before being run down by the time machine
delivering last year's snow

before it's too late, lead
your sorry existence over here
hurry up and bequeath your artificial heart
to the centers for modern art

[KP]

* * *

он не раскаялся, так он просил передать
тебе и всей честной компании
и черным гениям, и ей
той, что, и той, которой
и той, с которой — тоже
его слова: еще не время
вычеркивать меня из черных списков
я не раскаялся, шлейф тянется за мной
я не прошу прощения и буду только хуже
я буду портиться
как пища
и даже хуже — как литература
так он сказал

* * *

he has no remorse, that's what he asked to relate
to you and the whole gang
to the dark geniuses and her
who was, and her who has been,
and her, with whom—as well
These are his exact words: time has not come
to strike me off the black lists
I have no remorse, there's a burning trail behind me
I don't feel sorry and I promise to only get worse
I will go bad
like food
or even worse—like literature
those were his words

[AT, SS, DC]

* * *

не мог ее узнать
и чтобы посмотреть
она ли это на самом деле
я подошел поближе

другая сумочка, прическа
глаза другого цвета
а все же это была она

и я смешался
не знал совсем что делать

но пересилив робость
приблизился еще
взял за руку, погладил

баллончик со слезоточивым газом
достав, она мне пшикнула в лицо

весь в газированных болезненных слезах
ослепший, всхлипывая, извиваясь
я неожиданно вошел в нее

и вышел с другой стороны

обернулся —
нет, все-таки это была не она

* * *

I couldn't recognize her
and just to verify
that it was really her
I came up closer

a different handbag, hairdo
eye color altered
still it was her

this baffled me
I simply did not know what to do

but pulling myself together
I came closer still
got a hold of her hand and petted it

taking out a can of pepper spray
she sprayed my face

all covered with sickly fizzing tears
blinded, sobbing, squirming
all of a sudden I entered her

came out the other side

turned to look back—
no, it wasn't her after all

[AT, SS, DC]

* * *

        тени
           другие, куда бесплотнее
бесприютнее еще, беспилотней
         не те
           что отбрасываются и падают
      слабые
вам не хватает, кажется, кальция
      не хватает железа
           здесь же этого целые залежи
           тут где-то во мне

        берите
           свои недопитые тени
            стаканов
     стеклянные тени
     тени стульев
теневыми дрожащими пальцами
           в непонятной пыльце
           словно дыхальца в
             капельках пота
     идите, садитесь
       приплыли
          приплыли на воды

           и не цепляясь ни капли за
           жизнь

* * *

        shadows
               others, infinitely more
              incorporeal
more homeless, more unmanned
          not the sort
          that are cast off and fall
     weak ones
you are low, it seems, on calcium
       low on iron
          there are entire reserves of the
          stuff
          right here in me somewhere

       take
         your undrained shadows of
           cups
   glass shadows
  shadows of chairs
with shaky shadowy fingers
         in their abstruse pollen
         like breathing holes with drops
           of perspiration
    go on, take a seat
     you've arrived
         you've arrived to take the
         waters

         and not clinging one whit to
         life

за обезжиженное ее течение
за ее порошковый поток
                              стекаются
         с затаенным стеснением
                           покидая залы
                           холлы

                    лобби
                              бары
              кафе, фойе
                              оживленные некогда
тени друзей и подружек
                              официанток
                              швейцаров
                    барменов
                    и портье

       its dehydrated flow
     its pulverized current
                they gather
   in furtive hesitation
                     abandoning the halls
                   lounges

          lobbies
              bars
      cafés, foyers
                  that once were bustling
shadows of friends and girlfriends
                   waitresses
                   doormen
           bartenders
           and porters

[KP, JB]

* * *

это было в это или в прошлое воскресенье

не хотелось долгого выяснения отношений
но ты настаивала
на остановке десятого трамвая
где стена ботанического сада

что ж, объяснимся

для начала все-таки лучше тебе прилечь
чтобы легче было меня понять

и давай так: откровенность за откровенность
вот, смотри, я тоже в подвешенном состоянии
и с меня еще станется

все равно ведь уже не сообразить, кто кого вовлек
а кто сам незаметно втянулся

опрометчиво было так довериться мне
хотя понятно, что я — могила
но представь каково это в себе держать
даже в такой обтекаемой форме

ну да ладно об этом
у меня есть два лата — чего будем делать

* * *

it was either this Sunday or last

no desire to clear the air at length
but you insisted
at the number ten trolley stop
by the wall of the botanical gardens

so ok, let's come clean

for starters you'd better lie down
so you'll understand me better

and let's do it like this: honesty for honesty
look, I'm in suspense, too, here
and I'm not done yet, either

all the same it's too late to figure out who led who on
and who got carried away all by themself

it was impetuous to trust me like that
although it's understood: my lips are sealed
but imagine what it's like to keep that to yourself
even in such a vague form

okay well that's enough of that
I have two lats—what are we going to do

[KP]

ВЛАДИМИР СВЕТЛОВ

VLADIMIR SVETLOV

* * *

на aveņu авеню
после конца света
над случайно спасшимися
в бетонной клетке
лежали на полу
в пробоину окна
холодный ветер
задувал снежинки
но холод
не преграда
лишенным тела адресатам
холод нипочем
нас согревают
искр касанья
электричество
нам заменяет жизнь
сигнал
накопленный заряд
цепочка да-да-нет
вспышка
отблеск
тишина

* * *

on aveṇu avenue
after the end of the world
above the accidental survivors
in the concrete cell
they lay on the floor
in the window embrasure
a cold wind
drove snowflakes
but the cold
is no barrier
to addressees lacking bodies
the cold as easy as pie
we're warmed up
by sparks of contact
of electricity
our lives superseded
by a signal
an accumulated charge
the string yes-yes-no
flash
glimmer
silence

[KP]

* * *

от этой нашей нежности
всё трещит по швам и сыплется
портной наготове услужливо
держит шелк и ножницы
то зашиваешь, то режешься
пальцы все исколоты
мечешься, материшься, хорохоришься
врешь-правду-режешь
и снова колешься
заговорщически подмигиваешь
неизвестно кому улыбаешься
после долгого сна тревожного
не наспишься, не напросыпаешься

* * *

from this our tenderness
everything bursts at the seams and spills out
the tailor obligingly at the ready
holds silk and scissors
now you sew, now cut yourself
fingers all pricked
you rush around, curse, get huffy
lie-truth-cut
and prick yourself again
wink conspiratorially
smile at who knows who
after a long disturbed sleep
can't get rested can't wake up

[KP]

ЧТО СКАЖЕШЬ?

что ты скажешь
когда придет день
вечеринка и ночь закончатся
развлечения и радость
закончатся
всё закончится
целиком
что ты скажешь?

как и он думал
что слишком много любви
слишком
слишком много любви
слишком
воспоминания
которые удержать на ночь
ни больше
ни дольше

в комнате не убрано

WHAT'LL YOU SAY?

what will you say
when the day comes
party and night will end
fun and happiness
will end
everything will end
wholly
what will you say?

just as he thought
that there's too much love
too much
too much love
too much
memories
detaining for a night
no more
no longer

room's a mess

[KP]

НАЛИЧИЕ ЭТОЙ ТАЙНЫ...

наличие этой тайны
не позволит нам двоим сблизиться
этой странной тайны
которая заставляет молчать
хмурить брови и отводить взгляд
тайны, невольными свидетелями которой
мы стали вдвоем
то, о чем можно только молчать
так невозможно сближает
что не найдется двух людей
более старательно делающих вид
что они не знают друг друга
тебя может не быть рядом, но эта
прозрачная стена останется

THE PRESENCE OF THIS SECRET...

the presence of this secret
keeps us two from growing closer
this strange secret
that forces us to be silent
to knit brows and look aside
a secret, whose unwilling witnesses
we became together
a thing about which you can only be silent
draws us so impossibly together
that you can't find two people
more assiduously pretending
not to know one another
you may not be near, but this
transparent wall will remain

[NF, KP]

* * *

давай уйдем туда, где нас застали
закончим там, где нас нашли
в обратной перемотке
прикосновений рук и губ
снимаем поцелуй и забываем
вкус губ, движенье рук, изгиб спины
совсем не помню, как тебя зовут
мы станем одевать друг друга
так нежно, как никто не одевал
застежки, пуговицы, всё ли на местах?
вдруг в лифте исчезает запах
не успели до такси, сначала чаевые
официантке наплевать и так
кофе дерьмовый, дальше не помню…
кто эта девушка?!?!?!?

* * *

let's depart for where they caught us
we'll finish where they found us
in a rewind of
the touch of hands and lips
we'll steal that kiss and forget
taste of lips, hand movements, back's arch
don't remember your name at all
we'll start dressing one another
more tenderly than anyone has ever dressed
buckles, buttons, all in place?
suddenly in the elevator the scent vanishes
almost got to taxi, but first the tip
it's all the same to the waitress
crappy coffee, after that I don't remember…
who is that girl?!?!?!?

[KP]

КРАСИВОЕ

человек путается на грани кожи
где кончается свет
запах искусственного меха
чувствуется
если
идти вслед отставая на полшага
его доносит воздух
движенье
уже от того возникающее
что идут два человека
так
можно
обращать внимание на тех
которые считают красивое — похожим
носят одинаковые подошвы
и цвет губ выбирают не для себя
но можно
искать других
но и они
непохожие
похожи на других таких же непохожих
так что красота становится
делом случайного выбора

THE BEAUTIFUL

people flounder at skin's edge
where light ends
the scent of artificial fur
is sensed
if
one follows a half-step behind
it is brought by air
a movement
which arises simply
because two people are walking
so
one may
turn attention to those
who consider the beautiful to be the similar
they wear identical soles
and pick out lip color for others
but one may
seek out others
yet even they
are dissimilar
similar to others just as dissimilar
and so beauty becomes
a matter of random choice

[KP]

НОВЫЙ ГОД

маленькая девочка на троллейбусной остановке
моросит дождь
ранний вечер зимы
держа в руках
свой маленький бальный костюмчик
она пританцовывает
она повторяет
заученные движения
под музыку которую слышит только она
желто-оранжевая река автомобилей
электричество и запах бензина
спешит
шелестит
выхватывает и подталкивает вперед

рождество или новый год
долгая пауза перед
затяжным прыжком на год

портреты пассажиров в рамках окон троллейбусов
добавьте немного оптимизма на лица
попробуйте это новое средство
для универсального улучшения
оно вычитает из большего меньшее
и мы станем похожими
спортивно подтянуты
и даже письма средней длины

NEW YEAR

little girl at trolleybus stop
it's drizzling
early evening in winter
holding in her arms
her little ball gown
she dances a bit
she rehearses
memorized movements
to music that only she hears
yellow-orange river of automobiles
electricity and odor of gasoline
rushes
whooshes
grasps and thrusts ahead

christmas or new year
long pause before
a drawn-out jump on the year

portraits of passengers in trolleybus window frames
add a bit more optimism to those faces
try out this new method
for universal improvement
it subtracts a smaller sum from a larger
and we will become like them
athletically toned
and even letters of average length

[KP]

КОНФИДЕНЦИАЛЬНЫЙ РАЗГОВОР

не знаю почему он начал этот разговор
и назвал его конфиденциальным
я подобрал его на шоссе
радиоприемник машины раздирали
истеричные синтезаторы и гитары восьмидесятых
начал загадочно поэтично про поцелуи в тени сомнений
будто он шпионил за мной
и прятал свои открытия в тетрадях
он шпионил за мной, но хотел признаться
менял лица, не подходил близко
еще странная майка на нем была
сильно застиранная
лучшие девушки
мертвые девушки
было написано
они никогда
не говорят нет
а потом опять за свое, про
золотые блики на черной воде
говорит надо
уйти под них
и смотреть изнутри
на
золотые блики на черной воде

больше я его никогда не видел
выходя крикнул что бросит камень
в лобовое стекло
не веришь?
кричал
я был спокоен
не знаю почему

CONFIDENTIAL CONVERSATION

i don't know why he began that conversation
and called it confidential
i picked him up on the highway
the car radio was being torn apart
by hysterical synthesizers and guitars from the eighties
he began mysteriously poetically about kisses in the shadow of doubts
as though he were spying on me
and concealing his discoveries in notebooks
he was spying on me, but wanted to confess
changed his expression, didn't come near
and he was in a strange t-shirt
extremely washed out
the best girls
are dead girls
was written on it
they never
say no
and then he started off again, about
golden flecks on the black water
he says gotta
get beneath them
and look from inside
at
golden flecks on the black water

i never saw him again after that
as he got out he screamed he'd throw a rock
through my windshield
don't believe me?
he screamed
i was calm
don't know why

[KP]

Vladimir Svetlov

* * *

хрупкие как елочные игрушки
любовники на обложках
должны быть вместе
должны любить друг дружку
должны порождать в нас чувства
любвиненависти ревностиболи зависти
любвиненависти ревностиболи зависти
любвиненависти ревностиболи зависти

* * *

fragile as christmas ornaments
lovers on magazine covers
should be together
should love one other
should inspire our feelings of
lovehate jealousypain envy
lovehate jealousypain envy
lovehate jealousypain envy

[NF, KP]

* * *

пустой аэропорт
самолеты
спят
пастор забирает с таможни белых голубей
святой дух для шоу в парке
возбужденные пудели общаются по дороге к такси
цирковое представление
для ловли доверчивых душ
ты делаешь несколько моментальных снимков
бар ночью закрыт
открыта церковь
в аэропорту
бетон и дерево
не помню архитектора
приз прошлого года
мы едем дальше
к морю
деревья еще с листьями
подсвечены фонарями снизу
отраженным от асфальта черным цветом
море густое как нефть
застывает перед нами
как наивны заигрывания человека с морем
все эти лодки рыбаков
купания у берега летом
что там?
в этой черной
выталкивающей нас массе
хочется отойти подальше
быстрее
мы идем по ночной юрмале

* * *

empty airport
planes
sleeping
a pastor picks up white doves at customs
the holy spirit here for a show in the park
excited poodles hobnob on the way to the taxi
a circus show
to catch trusting souls
you take some instant photos
the bar is closed at night
the church is open
in the airport
concrete and wood
can't recall the architect
a prize last year
we drive on
to the sea
trees still have leaves
lit by street lamps from below
with black light reflected from the asphalt
sea thick like oil
becomes motionless before us
flirtations of man with sea are so naive
all these fishing boats
and bathing at the shore in summer
what is it?
in this black
mass that repulses us
a desire to get as far away as possible
quickly
we walk through nighttime jūrmala

в надежде что хоть в одном кафе
не спит бармен
но напрасно

in hopes that in at least one cafe
the bartender is awake
but in vain

[NF, KP]

ХИТ-ПАРАД

словно подарок за доверие
постоянным клиентам
нам даны эти дни
дни счастья
улыбок и понимающих взглядов
дни ангелов поющих звучно трубами
с чуть озверевшими от презрения глазами
нас есть за что презирать
и за что нам перерезать глотку тоже есть
нас есть в чем обвинить
но ангелы в алмазных доспехах
сияют даже в пасмурные дни
их песня не смолкает…
вот чем я действительно хотел бы заняться
так это провести остаток дней
составляя хит-парад
100 лучших песен
всех времен и народов

HIT PARADE

like a gift for loyalty
to repeat customers
we have been given these days
days of happiness
of smiles and understanding glances
days of angels singing resonantly with horns
with eyes slightly feral from derision
there's reason enough to despise us
and also to slice our throats
there's plenty we can be accused of
but angels in their armor of diamonds
shine even on cloudy days
their songs never fall silent…
now that's what i'd really like to do
to spend the rest of my days
composing a hit parade
of the 100 best songs
of all times and nations

[KP]

* * *

цветов магнолии
не видел
не слышал ветра
обжигающего губы
арабских песен
мелодичный звон
не знал
жил
в стране
где ночь длиннее лета
к солнцу не привык
дни не жалел
ждал ночи каждый день
и каждый день
писал слова чужие
думал
что если разбежаться очень быстро
можно пробежать сквозь
человека
а если зацепишься, то за какую-нибудь
совсем маленькую косточку
ключицу что ли?
ее заберешь с собой
сохранишь до весны
пока земля не растает
и закопаешь рядом с собакой

* * *

magnolia blossoms
i haven't seen
i have not heard the wind
burning lips
the melodic tones
of arab songs
i've not known
i've lived
in a land
where night is longer than summer
never got used to the sun
never regretted the days
and waited each day for night
and each day
wrote alien words
thought
that from a fast running start
you could run right through
a person
and if you catch on something, like to some
completely tiny little bone
a collarbone maybe?
then you'll take it with you
and keep it until springtime
when the earth will thaw
and you'll bury it next to the dog

[KP]

ДЕНЬГИ

посредник неудачный
в вечной гонке
потока красоты к деньгам
тебе не устоять —
снесет
напрасно
цепляешься
говоришь что деньги
не проблема
если деньги есть
и каждый раз
ты будешь замирать
нащупывать как пульс
бумажник
изрядно
потерявший в толщине
чтобы холодными руками
на последние монеты
еще одно желанье променять
и если б девушка моя
была деньгами
любил бы больше

MONEY

hapless middleman
in the eternal race
no way to resist
the flow of beauty towards money—
it'll wash you away
you hang on
in futility
say money
is no problem
if there's money
and every time
you freeze in place
groping, like for a pulse
at your wallet
severely
diminished in thickness
so that with cold hands
you can exchange your last coins
for one more wish
and if my girl
were money
you'd like her more

[KP]

* * *

скажи "изюм" детка
и сладко станет
кончик языка
мне покажи чуть-чуть
твое тело зовет, твое тело манит
твое тело плачет
ты маленькая конфетка детка
ты леденец прохладной сладости
в уголках губ
смысл твоих объятий прост
люби меня детка, люби
и пафосно так, на низких
животом пропоет
моя жизнь — клубок
развернешь нитью
свернешь
не найдешь

* * *

say "raisin," baby
and it'll get sweet
the tip of your tongue
show it to me just a bit
your body calls, your body beckons
your body weeps
you little candy baby
you lollipop of cool sweetness
in the corners of your lips
the meaning of your embraces is simple
love me, baby, love
and with pathos, in low tones
sung from the stomach
my life—a tangle
unwind its threads
and roll it up
not to be found again

[KP]

TRANSLATORS

Polina Barskova was born in Leningrad and teaches Russian Literature at Hampshire College in Massachusetts. She is the author of seven collections of poetry in Russian and three in English translation.

Charles Bernstein is author of *Recalculating* and *Attack of the Difficult Poems: Essays and Inventions*. He is Donald T. Regan Professor of English and Comparative Literature at the University of Pennsylvania.

Julia Bloch is a poet-critic who teaches literature and creative writing at the University of Pennsylvania and is the author of *Letters to Kelly Clarkson*, a Lambda Literary Award finalist, and *Valley Fever*.

Daniil Cherkassky was born in Kiev and grew up in Chicago. Daniil is a performance artist promoting amateurism as a creative strategy. He created the socialist realist blog at gramonist.livejournal.com, participated in Chicago Translation Workshop, organized Bakhtinian celebrations of Ivan Koala at Jetlag festival, and published a lengthy exegesis of Ilya Kutik's long poem "Epos," under A. Parshikov's edition.

Sarah Dowling is the author of two books of poetry, *DOWN*, and *Security Posture*, and has written numerous articles on contemporary North American poetry and multilingualism. Dowling is an assistant professor at the University of Washington Bothell.

Natalia Fedorova is a new media poet, digital literature scholar and media poetry lab curator. She teaches at Smolny College in St. Petersburg, Russia. Her audio and video poems have appeared in *TextSound, Rattapallax, LIT magazine,* and *Ill-Tempered Rubyist,* as well as at *räume für notizen | rooms for notes* and other international festivals.

Eugene Ostashevsky is the winner, with Matvei Yankelevich, of the National Translation Award from ALTA for Alexander Vvedensky's *An Invitation for Me to Think* (NYRB, 2013).

Bob Perelman is a poet and professor of English at the University of Pennsylvania. A critical book, *Modernism the Morning After*, is forthcoming.

Kevin M. F. Platt is a professor of Slavic and Comparative Literature at the University of Pennsylvania and the editor of this book.

Karina Sotnik was born in Riga in 1965 and now lives in Philadelphia. In addition to her translation activity, she is also a businesswoman, working in the USA, Russia and Europe.

Sasha Spektor immigrated to Chicago in 1989. He has a PhD in Slavic literature from Harvard University and teaches Russian literature at the University of Georgia in Athens. He writes in Russian and English.

Anton Tenser is a Russian-born immigrant to Chicago. As a linguist he specializes in the Gypsy Romani dialects. As a poet and a translator, he has published in such journals as *Vozdukh*, *TextOnly*, and *The Brooklyn Rail*.

Maya Vinokour is a doctoral candidate in the Program in Comparative Literature and Literary Theory at the University of Pennsylvania. She is a recipient of the 2011 Academia Rossica Young Translators Award.

Michael Wachtel is a professor of Russian literature in the Department of Slavic Languages and Literatures at Princeton University. He writes primarily about Russian poetry and poetics.

Matvei Yankelevich's translations include *Today I Wrote Nothing: The Selected Writings of Daniil Kharms* (Overlook/Ardis). He edits the Eastern European Poets Series at Ugly Duckling Presse and teaches at Columbia University, Queens College, and Bard College.

THE EASTERN EUROPEAN POETS SERIES
FROM UGLY DUCKLING PRESSE

0 *The Gray Notebook* | Alexander Vvedensky
1 *Attention and Man* | Ilya Bernstein
2 *Calendar* | Genya Turovskaya
3 *Poker* | Tomaž Šalamun
4 *Fifty Drops of Blood* | Dmitri Prigov
5 *Catalogue of Comedic Novelties* | Lev Rubinstein
6 *The Blue Notebook* | Daniil Kharms
7 *Sun on a Knee* | Tone Škrjanec
8 *Less Than a Meter* | Mikhail Aizenberg
9 *Chinese Sun* | Arkadii Dragomoshchenko
10 *Iterature* | Eugene Ostashevsky
11 *The Song of Igor's Campaign* | Bill Johnston, tr.
12 *Do Not Awaken Them With Hammers* | Lidija Dimkovska
13 *New Translations* | Osip Mandelstam
14 *Paper Children* | Mariana Marin
15 *The Drug of Art* | Ivan Blatný
16 *Red Shifting* | Alexander Skidan
17 *As It Turned Out* | Dmitri Golynko
18 *The Russian Version* | Elena Fanailova
19 *Dreaming Escape* | Valentina Saraçini
22 *Slovene Sampler* | Čučnik, Pepelnik, Podlogar, Šalamun, Škrjanec
23 *The Life and Opinions of DJ Spinoza* | Eugene Ostashevsky
24 *What Do You Want* | Marina Temkina
25 *Parrot on a Motorcycle* | Vítězslav Nezval
26 *Look Back, Look Ahead* | Srečko Kosovel
27 *Try a Little Time Travel* | Natalie Lyalin
28 *Thirty-Five New Pages* | Lev Rubinstein
29 *On the Tracks of Wild Game* | Tomaž Šalamun
30 *It's No Good* | Kirill Medvedev
31 *I Live I See* | Vsevolod Nekrasov
32 *A Science Not for The Earth* | Yevgeny Baratynsky
33 *The Compleat Catalogue of Comedic Novelties* | Lev Rubinstein
34 *Blood Makes Me Faint But I Go for It* | Natalie Lyalin
35 *Morse, My Deaf Friend* | Miloš Djurdjević
36 *What We Saw from This Mountain* | Vladimir Aristov FORTHCOMING
37 *Hit Parade: The Orbita Group* | Kevin Platt, ed.
38 *Written in the Dark: Five Siege Poets* | Polina Barskova, ed. FORTHCOMING
39 *Elementary Poetry* | Andrei Monastyrsky FORTHCOMING